Samy Molcho
Körpersprache als Dialog

Ganzheitliche Kommunikation in Beruf und Alltag

Fotografien von Walter Schels

Mosaik Verlag

Fotografien: Walter Schels, München
Redaktion: Sigrid Bleuel
Layout: Hanne Koblischka

Der Mosaik Verlag ist ein Unternehmen der Verlagsgruppe Bertelsmann

© 1988 Mosaik Verlag GmbH, München / 5 4 3
Satz: Filmsatz Schröter GmbH, München
Reproduktionen: VSO Merk + Steitz GmbH, Villingen-Schwenningen
Druck und Bindung: Mohndruck Graphische Betriebe GmbH, Gütersloh
Printed in Germany · ISBN 3-570-02891-7

Inhalt

Geist und Körper

Kommunikation und Evolution 9
Sprache schafft Wirklichkeit 10
Abstraktion und Materie 12
Keine Bewegung ist zufällig 14
Vom Gedanken zur Bewegung 15
Der Volksmund sagt es längst 19
Sprache beschreibt Körpersprache 20
Standpunkt und Stellungnahme 23
Die Parallelität von Denken und Empfinden 24
Stillstand des Informationstransports 24
Das »Ei-und-Henne-System« 27

Werte und Urteile, Raster und Strukturen

Der einzelne und die Gruppe 29
Urteilen nach Erwartung 30
Guter Mitarbeiter – schlechter Mitarbeiter 31
Die Hände sprechen immer mit 35
Gut oder böse? 35
Erfahrung ist Vergleich 36
Raster der Wahrnehmung 37
Noch einmal: Der einzelne und die Gruppe 38
Die Ambivalenz der Werte 39
Raster und Ziele 40
Schokolade im Mund – Schokolade auf der Hose 41
Rasterwechsel 41
Beziehungsfelder und Vorstellungsrahmen 44

Analytische und ganzheitliche Wahrnehmung

Die »ziffrierte« Information 47
Gefühlsinformationen sind ganzheitlich 48
Die beiden Gehirnhemisphären 50

Was wir verlernt haben 52
Das mechanistische Weltbild 53
Sind Gefühle Nebensache? 54
Gefühl verlangt Anerkennung 55
Ärger 57
Keine Angst vor Emotionen 61
Territorialverhalten 62
Liebesentzug 65
Stimmung 70
Leib und Seele 72

Selektive Wahrnehmung und Ganzheit der Bewegung

Codierung und Entschlüsselung 75
Das Einbezogensein des Beobachters 80
Selektive und tendenziöse Wahrnehmung 81
Ganzheit der Bewegung 81
Die Bedingtheit der körperlichen Reaktion 84

Im Dialog

Das dialogische Prinzip 93
Perspektivenwechsel 94
Modulation und Melodik 94
Atemholen 96
Der Dialog von Sprache und Bewegung 98
Rhythmus und Rhythmuswechsel 101
Rhythmus und Persönlichkeit 103
Die Verkäufer-Käufer-Konstellation 104
»Mach dir nur ein' Plan . . .« 107
Zuviel Anpassung? 111
Rhythmuswechsel führt zur Veränderung der Stellungnahme 114
Augen-Blicke 119

Ganganalysen

Gehen als Ausdruck der Persönlichkeit 123
Kleine Schritte – große Schritte 126
Freie und gehaltene Geh-Bewegungen 128

Fünf Kurzanalysen 132
Verantwortung tragen 140
Wir Gewohnheitstiere 141

Systeme der Bewegung – Systeme des Dialogs

Ein System macht sich selbständig 143
Das Zeigefinger-Syndrom 145
Spieglein, Spieglein an der Wand . . . 148
Der eine bringt Blumen – der andere sich selbst 149
Auftritte 151
Gehen, Stehen, Sitzen 160

»Wir spielen immer, wer es weiß, ist klug«

Rollen 175
Vom »Kern« der Persönlichkeit 179
Auf neue Weise sich selbst erleben 181
Wie uns die anderen sehen 182
Die falschen Fragen 183
Fliegender Wechsel 185
Somebody – nobody 186
Identifikation 186
Signale des Rollenspiels 187
Manipulation 187
Wir manipulieren immer 189

Register 191

Geist und Körper

Zu Anfang waren ein Organismus und ein Nervensystem. Primitive Organismen sind mit zwei Daten programmiert, und auf diese beiden Daten reagieren sie. Es gibt ausschließlich eine Ja/Nein-Reaktion, das ist alles. Solche Organismen sind nicht in der Lage, Umweltveränderungen wahrzunehmen; und da Milieuveränderung zum Aussterben solcher Wesen führen würde, mußte ihr System erweitert werden, damit sie überleben konnten – wir nennen das Evolution.

Der Organismus wurde im Sinn einer größeren Informationskapazität erweitert, ein Informationssystem innerhalb des Organismus zur Koordination der Informationen entwickelt. Damit ging eine Spezialisierung der Organe einher, die wiederum ein Nachrichtennetz zwischen den spezialisierten Teilen des Organismus notwendig machte. Informationen wurden zum Teil durch chemische Vorgänge übermittelt, zum Teil über das Nervensystem. Organisches System und Nervensystem funktionieren auf unterschiedliche Weise, das heißt, sie sind auf verschiedene Codes programmiert.

Damit nun die durch das Nervensystem empfangenen Informationen für den Organismus verwendbar werden, muß eine Umcodierung erfolgen, nämlich vom Code des Nervensystems in den motorischen Code. Was hier übertragen wird und wechselseitige Wirkung auslöst, verstehen wir als Sinneswahrnehmungen. Die aber sind begrenzt, und zwar auf die materielle Welt. Es existiert sozusagen eine Skala des Wahrnehmbaren; was über diese Skala hinausgeht, entzieht sich unseren Sinnen. Ein einfaches Beispiel: Wir nehmen Töne nur innerhalb einer bestimmten Skala, innerhalb bestimmter Frequenzen, wahr. Was darüber oder darunter liegt, hören wir nicht. Entweder wir erfinden ein Gerät, das die Töne auf unsere Sinnesskala umcodiert, oder die Töne existieren gar nicht für uns. Jeder Raum ist selbstverständlich von Tönen erfüllt, von Geräuschen und Bildern. Sie bedürfen nur der Umcodierung durch einen Apparat, um für uns hörbar beziehungsweise sehbar zu werden.

Also findet eine Umcodierung auf unsere Wahrnehmungsskala statt. Sie reagiert auf Materie und auf die zur Materie gehörenden Schwingungen. Schwingung ist eine wellenförmige Fortbewegung. Das Zeitmaß und damit die Dichte dieser Wellenbewegung ergeben den übertragbaren Code der Information. Wir haben es mit verschiedenen Druckintensitäten in Tal- und Bergform zu tun. Unsere verbale Sprache kennt die Bezeichnungen »Eindruck« und »Ausdruck«. Das entspricht der Wellenbewegung, ihrem Ein-Druck und ihrem Aus-Druck, die unsere Sinneswahrnehmung prägt.

Was dem Menschen schon früh, zunächst aber noch nicht analysierbar, bewußt wurde, ist die Erkenntnis, daß es mehr gibt, als er unmittelbar durch seine Sinne

Kommunikation und Evolution

wahrnehmen kann. Kommen wir in einen Raum, in dem jeglicher Gegenstand fehlt, ist die erste unanalytische Feststellung: Dieser Raum ist leer. Doch wir haben gelernt, daß dieser Raum keineswegs als leer bezeichnet werden kann. Er ist gefüllt mit Stickstoff, Sauerstoff, mit Musik, mit Bildern und so fort – wir nehmen es nur nicht wahr.

Deshalb bedarf es eines eigenen Systems, diese scheinbar nicht existierenden, weil unmittelbar nicht wahrnehmbaren Inhalte zu benennen; denn Benennung schafft – sagten wir – Existenz. Alles, wofür ich ein Wort habe, ist existent. Was für mich existiert, entspricht dem, was mein Vokabular enthält. Was es nicht in meiner Sprache und ihrem Vokabular gibt, ist für mich auch nicht vorhanden. Dabei geht es nicht ohne Differenzierungsprobleme ab. An einem scheinbar eindeutigen Begriff wie dem Wort »Pflaume« lassen sich diese Probleme deutlich machen. Jede einzelne Entwicklungsphase einer Pflaume ist eigentlich eine andere Existenz, chemisch völlig anders strukturiert. Kinder fragen zum Beispiel danach, welche Farbe eine Pflaume hat. Antwort: Sie ist violett. Und warum ist diese da gelb? Antwort: Ach so, ja, weil sie noch grün ist.

Die Hopi-Indianer haben uns hier etwas voraus: Sie haben für jeden dieser Zustände einer Pflaume einen eigenen Begriff. Eskimos kennen vierzehn verschiedene Wörter für Schnee.

Sprache schafft Wirklichkeit

Wenn wir von Körpersprache reden, so unterscheiden wir einerseits zwischen Verhalten und Körpersprache, in der sich Verhalten ausdrückt, andererseits zwischen der uns soviel stärker bewußten verbalen Sprache und der Sprache unseres Körpers, wozu Mimik, Gestik, Haltung und Bewegung gehören. Sprache, und in diesem Fall ist damit verbale Sprache gemeint, schafft Wirklichkeit.

Unsere Beziehung zu den Dingen ist von Sprache – ich sage schon einmal das Wort »Benennung« – bestimmt. Das beginnt bereits damit, daß uns Sprache aufgibt, was wir mit Verben und Substantiven benennen. Worunter fällt die Bezeichnung »Haus«? Unter die Substantive; das heißt, es ist eine lange bestehende Einrichtung. Genau dies erwarten wir von einem Haus wie von einem Substantiv.

Bei den Hopi-Indianern kommt der Begriff Haus als Verb vor, »hausen« also, und damit kennzeichnet er eine vorübergehende Situation. Folgerichtig gibt es bei den Hopi-Indianern immer wieder verlassene Siedlungen, obwohl weder Krieg noch Vertreibung oder Seuchen Ursache dafür sind. »Hausen« ist begrifflich, das heißt sprachlich etwas Vorübergehendes, eine Aktion, kein substantivischer Zustand.

Der Gebrauch von Substantiv und Verb beziehungsweise Substantiv *oder* Verb hat immer eine Bedeutung für unsere Einstellung zu den Dingen. Wir sagen substantivisch »die Faust«, dabei gibt es die Faust nicht, jedenfalls nicht als einen über lange Zeit bestehenden Zustand. Es gibt nur die Hand, die wir »fausten« oder zur Faust ballen. Da aber für uns Aggression ein elementarer und mitunter lange andauernder Zustand ist, wird die Faust zum Substantiv. Dagegen existiert kein Substantiv für die offene Hand. Sie bezeichnet einen vorübergehenden Zustand.

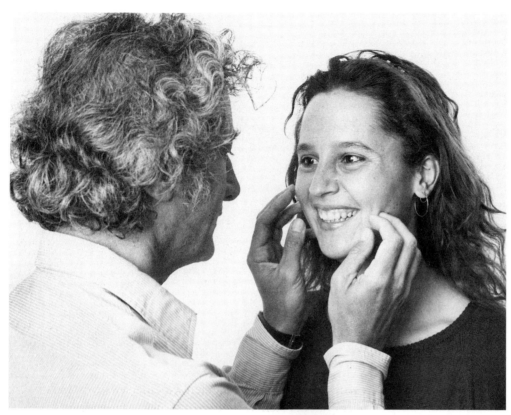

Das Wort »Begriff« deutet auf Greifbarkeit und begreifen. Ich berühre ein Gesicht und mache das eigentlich Unfaßbare faßbar.

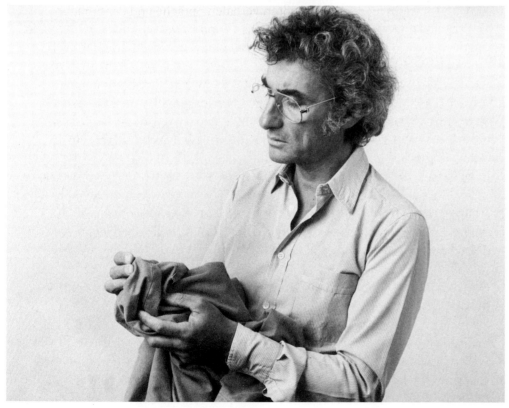

Ich befühle einen Stoff und erhalte eine Information, die nur durch solches »Be-Greifen« zu erhalten ist.

Was ich auch sage: Die Handbewegung zeigt deutlich, daß ich einen lästigen Gedanken hinter mich werfe.

Wir sehen daran, daß unsere Einstellung zu vielen Gegebenheiten auf Sprache und Sprachstruktur basiert. Sprache prägt unsere Lebenseinstellung, und diese wiederum ist abhängig von der Sprache des Kulturraums, dem wir angehören.

Im Deutschen zum Beispiel muß jedes Ereignis einen Urheber haben, man ist immer auf der Suche nach dem »Täter«; im Hebräischen nicht unbedingt. Das Wort »Blitz« bezeichnet dort den ganzen Vorgang, das Ereignis. Wir akzeptieren den Blitz als Ereignis an sich und suchen nicht nach dem Verursacher. Im deutschen Sprachraum jedoch sucht man wie selbstverständlich nach ihm, und da es in Fällen wie bei einem Gewitter keinen Täter gibt, erfand man ein Wort dafür. Dieses Wort heißt »es«. *Es* blitzt. Niemand weiß, wer oder was dieses »es« ist, das Wort ersetzt den Urheber. Im Hebräischen dagegen ist es selbstverständlich, Ereignisse als Phänomene hinzunehmen, als Ganzheit. In der deutschen Sprache wird man dagegen nicht aufhören zu forschen und zu ergründen, bis ein Urheber, ein »es« gefunden ist.

Sprachliche Struktur dominiert unsere Mentalität und damit zugleich unsere Wirklichkeit.

Abstraktion und Materie

Sprache öffnet durch Benennung unsere Wahrnehmung ins Unendliche, übersetzt das Abstrakte ins Begriffliche und macht so das Unsichtbare sichtbar. Sprache, selbst Abstraktion, macht das Abstrakte erfaßbar. Das Wort »Begriff«, selbst inhaltlich abstrakt, deutet sinngemäß auf Greifbarkeit. Das Wort »Holz«, selber

Das Wegwischen eines Arguments nimmt durch die Umcodierung physisch Gestalt an.

nicht holzig, repräsentiert abstrakt etwas Greifbares. Wir sagen »Demokratie« und brauchten Bücher, um das Wort begreifbar zu erklären; doch wir kommunizieren schneller durch Begriffe, deswegen brauchen wir sie. Nehmen wir einen Begriff wie »Gerechtigkeit« und betrachten ihn unter diesem Aspekt, wird sofort deutlich, wieviel in diesem einen Wort zusammengefaßt ist. Wenn, wie eben behauptet, Sprache selbst etwas Abstraktes ist und nur in unseren Gehirnen vorhanden, bedarf es einer Übertragung auf den Körper; denn mit den Wörtern allein läßt er sich nicht bewegen. Die Gehirnfunktion ohne den Körper ist folgen- und damit sinnlos. Wir müssen uns also klarmachen, daß auch das Hören und Sprechen körperliche Funktionen sind.

Alles, was im Gehirn abläuft und von ihm ausgeht, bedarf demnach der Umcodierung auf die untergeordneten, die organischen Systeme. Das heißt, Abstraktes muß in Materie transformiert werden, sonst kann es unser Körper nicht wahrnehmen. Vereinfacht läßt sich diese Umcodierung als ein Trichter vorstellen, in dem Tausende von Wörtern beziehungsweise noch nicht zu Wörtern ausgebildete Gedanken in Bewegung gebracht werden. Anders ausgedrückt: Die Bewegung verwandelt den Gedanken in Materie.

Das übergeordnete System ist stets reicher, als die untergeordneten Systeme es sein können, da sie Materie sind. Verbale Sprache ist deshalb kulturbildend, weil wir mit ihr die Dinge benennen und sie uns so aneignen. Das erste, was Gott zu Adam im Paradies sagte, war deshalb ein »Benenne«. Körpersprache dagegen

Auch bei verschränkten Armen könnte meine Aufmerksamkeit ungetrübt sein, wenn der »Bremsfuß« nicht ein Blockieren signalisierte.

benennt nicht, sondern bezeichnet, in ihr wird der Vorgang der Umcodierung von Gedanken in Materie sichtbar.

Ein einfaches Beispiel, wie ich es auch in meinem ersten einführenden Buch über Körpersprache gegeben habe, auf das ich im Laufe dieses neuen, weiterführenden Buches gelegentlich zurückkommen werde, ist der Vorgang des Trinkens. Ich empfinde Durst, die Empfindung wird zum Gedanken: Ich habe Durst. Der Gedanke wird in Materie umgesetzt, indem meine Hand ein Glas mit Wasser an den Mund führt. Das ist für jedermann einleuchtend. Ist es soviel schwerer zu erkennen, daß die gleiche Umsetzung von Gedanken in Materie sich vollzieht, wenn eine Handbewegung etwas wegwischt, etwas, das im materiellen Sinn gar nicht vorhanden ist? Wir sehen es oft: In der Tat hebt sich die Hand, wischt oder schiebt, wo nichts zu sehen ist, was zu schieben oder wegzuwischen wäre. Was ist passiert? Der abstrakte Gedanke von Last, Ärger oder Unmut wurde umcodiert, und, als handle es sich um Materie, schiebt die Hand den Gedanken weg. Der Körper nämlich kann nur materiell reagieren und erfassen.

Hier beginnt auch schon die praktische Anwendung dessen, was Körpersprache uns lehrt. Da sitzen sich zwei Verhandlungspartner gegenüber, und der eine versucht, den anderen argumentativ zu überzeugen. Registriert er die wegwischende Handbewegung des anderen? Reagiert er darauf? Geht er auf sie ein? Oder redet er weiter, obwohl er wissen müßte, daß er nun am anderen vorbeiredet? Es ist ganz einfach, hier richtig zu reagieren. Es wäre nur der eigene Redestrom zu stoppen, eine Frage zu stellen, die eigene Argumentation zu überprüfen, ohne dabei das eigene Ziel aus dem Auge zu verlieren.

Genauso manifestiert sich eine abstrakte Verweigerung – umcodiert – körperlich, indem der leicht gehobene Fußballen ein Bremsen und Blockieren nicht nur symbolisiert, sondern materiell betreibt. Die Stellungnahme des Partners wird ins Begriffliche übersetzt. Dasselbe kann durch Muskelanspannung zum Ausdruck kommen. Der Ablauf bleibt immer der gleiche: Der gedankliche Vorgang wird in Materie umgesetzt. Alle unsere Gedanken werden auf diese Weise umcodiert, allerdings ohne daß es uns bewußt wird und ohne daß wir bei der Schnelligkeit des wahrhaft gedankenschnell ablaufenden Prozesses den Weg von der Abstraktion zum körperlichen Ausdruck verfolgen können. Was wir erkennen, ist stets nur das Resultat. Wüßten wir aber nichts von diesem Prozeß, würde uns das Resultat zufällig und sinnlos erscheinen. Mit dem Wissen darum können wir aus dem sichtbaren Resultat auf dessen Voraussetzungen schließen.

Keine Bewegung ist zufällig

Keine Bewegung ist zufällig, sondern Ergebnis bewußten oder unbewußten Denkens. Auf den ersten Blick scheint der Begriff des unbewußten Denkens einen Widerspruch zu enthalten. Auch die Psychologie unterscheidet zwischen gerichtetem und ungerichtetem Denken. Damit ist gemeint, daß es im einen Fall analytisch, definierend den Gesetzen der Logik folgt und im anderen Fall ein ganzheitliches und bildhaftes Denken gibt, wie es etwa in Träumen wirksam wird.

Von solcher ganzheitlichen Informationsaufnahme wird im folgenden noch die Rede sein, wenn es um die Dominanz der einen oder anderen Gehirnhemisphäre geht. Abgesehen davon läßt sich Existenz und Notwendigkeit unbewußten Denkens durch eine elementare Voraussetzung des Empfangs und der Verarbeitung von Informationen erklären.

Jedes Lebewesen hat bei der Begegnung mit einem anderen blitzschnell Entscheidungen zu treffen. Die Entscheidungsfragen lauten: Meine Gattung – nicht meine Gattung? Nicht meine Gattung. Mann oder Frau? Frau. Jung oder geschlechtsreif? Werbungsinteresse – kein Werbungsinteresse? Mann: Jung oder Rivale? Rivale. Herausfordern – nicht herausfordern? Gute Absicht – schlechte Absicht? Stärker oder schwächer? Meine Gattung – nicht meine Gattung? Mann oder Frau? Und so weiter.

Alle diese Fragen müssen gestellt und beantwortet werden, und zwar im Bruchteil von Sekunden; denn im nächsten Augenblick muß bereits eine Entscheidung erfolgen, will man nicht »gefressen« werden. Wer aber kann in diesen Sekundenbruchteilen alle diese Fragen denken und beantworten?

Entscheidungen dieser Art, auch wenn es nicht um Leben oder Tod geht, haben alle Lebewesen, also auch die Menschen, permanent zu treffen. Sie vollziehen sich so schnell, daß es dazu des unbewußten Denkens bedarf. Sichtbar wird das unter anderem an manchen Fragebogensystemen, die eine sofortige Antwort nach kurzem Hinsehen verlangen.

Niemand macht sich normalerweise klar, wie viele Entscheidungen er beim Treppengehen zu fällen hat. Ein Gedankenprozeß von beachtlichem Ausmaß läuft ab, denn wir müssen unseren Schritt auf Höhe und Tiefe der Stufen, auf den Winkel unserer Schrittrichtung abstimmen und dieses gedankliche Frage- und Antwortspiel in Motorik umsetzen. Ist der Gedankenprozeß einschließlich unseres Gleichgewichtssinns beeinträchtigt, etwa durch den Einfluß von Alkohol, wird der Zusammenhang erst recht deutlich.

Vom Gedanken zur Bewegung

Der menschliche Geist hat sich kraft Abstraktion von der Materie befreit. An der Evolution des Körperlichen gemessen hat sich die Sprache als Träger des Gedankens in atemberaubender Geschwindigkeit entwickelt.

So ist unser Körper immer noch zur Fortbewegung auf allen vieren eingerichtet. Die Wirbelsäule, auf Rotation eingestellt, sowie die Richtung der Nervenbahnen in rundlaufenden horizontalen Linien machen das deutlich. Gehen wir auf allen vieren, so ist die Wirbelsäule entlastet und übt keinen Druck auf die zwischen den Rippen liegenden Nervenbahnen aus. Mit dem Aufrechtgehen entstand eine völlig neue Situation, die ihren Ausdruck in den Begriffen von »Oben« und »Unten« fand. Unser Körper benötigt einen Energiestrom von unten nach oben, um uns aufrecht zu halten. Wir wissen, daß die Energiemeridiane in unserem Körper vertikal verlaufen. Der Chirurg aber kann sie nicht fassen, weil sie keine stoffliche Umhüllung haben, wie etwa unsere Nerven. Dabei sind diese Meridiane der asiatischen Medizin seit tausend Jahren bekannt (Akupunktur).

Vielleicht führt die Anpassung des Körpers an den aufrechten Gang im Laufe der Jahrtausende auch zu einer stofflichen Umhüllung der Meridiane.

Worauf es bei uns ankommt, ist die Übertragung der Gedankenschnelle des

Linke Seite
Die Beweglichkeit des Oberkörpers kommt aus der freien Körperrotation. Sie ist kein Ausweichen nach links oder rechts, sondern Rotation in sich.

Hochgezogene Augenbrauen machen Aggressivität so gut wie unmöglich; sie verraten einen hohen Informationsbedarf. Entscheidungen dagegen sind kaum zu erwarten.

Abstrakten auf die Materie Körper. Wenn wir davon ausgehen, daß unsere Bewegungen Gedanken ausdrücken, müssen wir uns dessen nicht bewußt sein. Wir können lediglich unterstellen, daß der Assoziationsablauf im Gehirn sowie seine Umcodierung in Materie funktioniert hat. Die eigentliche Frage lautet: Wie interpretiere ich das Resultat dieses Vorgangs, das mir die Körperbewegung präsentiert? Eine Voraussetzung dafür, solchen Umcodierungen auf die Spur zu kommen, ist das Wissen darum, daß die Transformation, die Umwandlung von Gedanken in Materie, an die Funktionen des Körpers beziehungsweise seiner Teile gebunden ist.

Wir brauchen zum Beispiel nur einmal die Augenbrauen hochzuziehen und versuchen, in diesem Zustand aggressiv zu sein. Wer es probiert, wird feststellen, daß es nicht funktioniert. Und warum funktioniert es nicht? Weil der Körper auf diese Weise, durch das Hochziehen der Augenbrauen, einen höheren Informationsbedarf signalisiert. Die Ringmuskulatur öffnet sich. Und wenn wir auf mehr Information aus sind, können wir nicht gleichzeitig Entscheidungen treffen. Aggressiv zu sein, setzt aber eine Entscheidung voraus. Bewegung kann also sowohl einen Vorsatz stimulieren als ihn auch hemmen.

Es gibt Menschen, die gehen mit aufgerissenen Augen durchs ganze Leben, und es fällt ihnen schwer, die Welt zu begreifen. Zu ihrem Gesichtsausdruck gehören die hochgezogenen Augenbrauen und der dadurch fragende Gesichtsausdruck. Ihr Vokabular ist: Wirklich?? – Unglaublich! – Was du nicht sagst!

Ein ähnliches Beispiel zur Stimulierung oder Hemmung von Aggressivität ist die

Ich presse meine Hände fest zusammen. An Lippen, Kinn und Unterkiefermuskulatur ist deutlich die Reaktion darauf zu sehen. Die milde Umarmungsgebärde der Hände auf dem Foto rechts erzeugt die Sonntagsrednerpose.

Art, wie einer die Hände ineinanderlegt. Es läßt sich leicht nachvollziehen. Legen Sie Ihre Hände ineinander, so daß die eine Hand die andere fest drückt. Was für ein Gefühl haben Sie dabei? Ist es nicht so, daß eine Hand sich ohne die andere zur Faust ballen würde? Spüren Sie, wie Aggression wächst?

Legen Sie nun die Hände leicht und weich ineinander. Was ist anders? In der Umarmungsgebärde der beiden Hände hat die Aggression keinen Platz, sie ist so gut wie unmöglich geworden, und sogar unsere Stimme verändert sich, nimmt wie von selbst einen milderen Klang an. In Wahrheit vollzieht sich diese Veränderung aber keineswegs von selbst, sondern ist geleitet von einer Körperbewegung, hier dem Ineinanderlegen der Hände, einer oft persiflierten pastoralen Gebärde.

Durch solche Beispiele wird verständlich, daß Bewegungen in der Lage sind, Gemütszustände zu schaffen.

Am Exempel eines bekannten Redners läßt sich das Funktionieren der dialogischen Transformation zwischen Geist und Körper eindrucksvoll nachvollziehen. Der Redner hat vielleicht die Angewohnheit, die Zunge schnell nach vorn zu schieben und sich dann und wann die Lippen zu lecken. Daran läßt sich ablesen, daß er Argumente Andersdenkender wegschiebt, zugleich jedoch die eigene Schlagfertigkeit schätzt und sich deshalb genießerisch die Lippen leckt.

Die verbale Sprache hat dieses grundsätzliche Phänomen, die Gleichzeitigkeit von Denken und körperlichem Ausdruck, nie ignoriert. Gerade im Deutschen weisen viele Wörter auf diese Einheit hin.

Die Zunge schiebt Argumente Andersdenkender vehement zurück.

Es ist überraschend, zu sehen, wie weit volkstümlicher Sprachgebrauch Körpersprache ganz selbstverständlich integriert hat. Wer sich damit beschäftigt, dem wird es wie Schuppen von den Augen fallen. Alles das ist übersetzte Körpersprache, ein ganzes Körperalphabet. Fangen wir einmal an:

Der Volksmund sagt es längst

> *Einen über die Achsel ansehen.*
> *Einem unter die Arme greifen.*
> *Einen mit offenen Armen empfangen.*
> *Atemlos zuhören.*
> *Den Atem anhalten.*
> *Aufatmen können.*
> *Der Augenblick.*
> *Ein Auge zudrücken.*
> *Große Augen machen.*
> *Einer murmelt in seinen Bart.*
> *Einem um den Bart gehen.*
> *Auf den Bauch fallen.*
> *Sich vor Lachen den Bauch halten.*
> *Jemandem Beine machen.*
> *Sich die Beine ablaufen.*
> *Ein heißblütiger Mensch.*

Einer wirft sich in die Brust.
Einen breiten Buckel haben.
Den Daumen drauf haben.
Der Fingerzeig.
Einer leckt sich alle Finger nach etwas.
Dafür rührt er keinen Finger.
Zwei stehen auf gespanntem Fuße.
Einem läuft die Galle über.
Einem stehen die Haare zu Berge.
Das Wort bleibt ihm im Halse stecken.
Er lebt von der Hand in den Mund.
Er legt die Hände in den Schoß.
Es schnürt einem die Kehle zu.
Es läßt sich nicht übers Knie brechen.
Sich auf die Lippen beißen.
Einer hat sich den Mund verbrannt.

So ließe sich fortfahren von A–Z, vom Achselzucken bis zum Zungenschlag. Alles dies sind Übersetzungen von Körpersprache, Übersetzungen des permanenten Dialogs zwischen Körper und Geist.

Sprache beschreibt Körpersprache

Die wichtigste Feststellung, die wir aus dem bisher Gesagten herauslesen können, lehrt, daß Gedanke und Körper untrennbar miteinander verbunden sind. Mit Begriffen bezeichnen wir etwas Abstraktes, das jedoch, wie das Wort sagt, begreifbar gemacht werden muß. Begriffe wie »Gleichgewicht« umfassen gleichzeitig Psyche und Physis, Körper und Seele. Ein Mensch mit schwankendem Gang ist auch seelisch nicht im Gleichgewicht. Was uns auf den Magen schlägt, kann sehr wohl eine Faust sein, meist ist es aber ein psychisches Moment. Pressen wir die Lippen aufeinander, verweigern wir nicht mehr die Mutterbrust und auch nicht andere Speise, sondern wir weigern uns, geistiges Futter aufzunehmen.

Ob im Berufsleben oder in anderen Kommunikationsbereichen, in denen wir unsere Ziele durchsetzen oder einfach überleben wollen, kommt es darauf an, die Übereinstimmungen von verbaler und Körpersprache wahrzunehmen. Es fällt gar nicht so leicht, sich bewußt zu machen, daß permanent Signale der Körpersprache von uns ausgehen und daß pausenlos jener Transformations- und Übersetzungsprozeß abläuft, von dem die Rede war.

Dabei gibt es Übersetzungsprobleme. Nehmen wir einen Satz wie: Morgen muß ich das machen. »Muß ich das machen« ist übersetzbar, »morgen« ist es nicht, weil für den Körper kein morgen existiert – »morgen« ist ein spekulativer Gedanke. Was geschieht also? Auf »ich muß es machen« reagiert unsere Muskulatur, indem sie sich spannt, da kommt das Signal: nicht jetzt – morgen! Jedesmal, wenn wir daran denken, was wir morgen, übermorgen oder in der nächsten Woche zu tun haben, spannen sich unsere Muskeln, das Stornierungssignal verursacht dann sehr oft einen Stau, und der ist der Anfang von Streß.

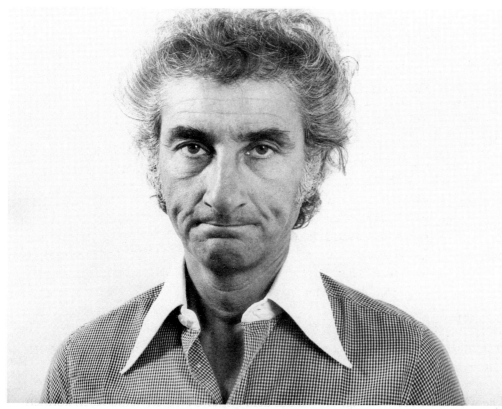

Fest zusammengepreßte Lippen signalisieren nicht nur Widerstand, sondern vor allem eine Informationssperre, die Weigerung, irgend etwas aufzunehmen. Der leicht geneigte Kopf zeigt eine Tendenz zum Kompromiß.

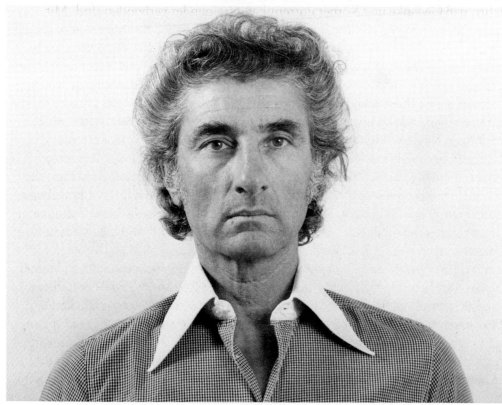

Die geschlossene Haltung, der gerade Blick lassen auf Konfrontationsbereitschaft schließen. Mit beiden Herren ließe sich nur reden, wenn es gelänge, sie zu einer Haltungsänderung zu veranlassen.

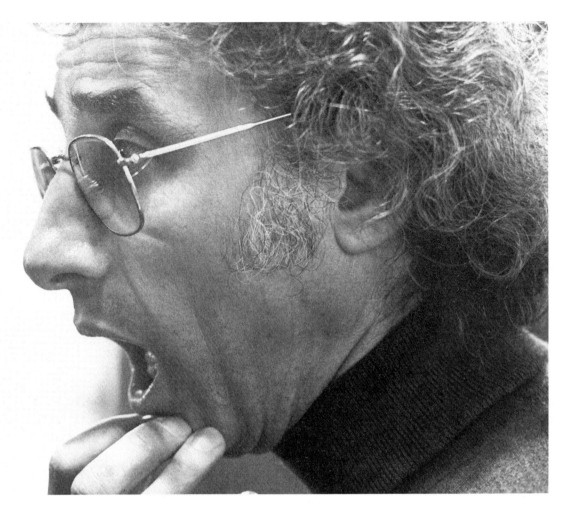

Streß entsteht unter anderem dadurch, daß der Körper alles übersetzt und doch nicht alles übersetzen kann. Wir haben es hier mit einer der in der Psychologie so wichtigen Paradoxien zu tun. Pragmatisch gesehen kommt es darauf an, die Übersetzung in Aktion umzuformen.

Wenn einer in der Nacht mit dem Gedanken aufwacht: Ich muß es morgen tun!, steht er am besten auf, macht sich einen Plan, schreibt ihn nieder, wird also aktiv und kommt dem Stau zuvor. Daran zu denken, was man zu machen hat, es aber nicht zu tun oder nicht tun zu können, schafft den Stau und damit den Streß. Streß entsteht in der Regel nicht aus besonderer Beanspruchung, aus dem Grund, daß einer viel Arbeit hat, sondern aus dem Gedanken, etwas nicht schaffen zu können. Streß entsteht aus Empfindung, nicht durch einen objektiven Tatbestand. Der Weg aus dem Streß ist die Entscheidung, die Dinge voneinander zu trennen, Prioritäten zu schaffen.

Stillstand des Informationstransports, wohin man sieht. Wer uns mit hängendem Unterkiefer entgegentritt, ist geistig momentan außer Gefecht gesetzt. Es wird unnütz sein, ihm komplizierte Zusammenhänge zu erklären.

Wer mit uns diskutiert und uns nicht zur Veränderung unseres Standpunkts bringt, obwohl wir ihm zugehört haben, der hat uns nicht berührt. Weil uns aber nichts berührt hat, wurden wir nicht bewegt. Nur, wenn wir bewegt sind, verändern wir unseren Standpunkt, sehen wir ihn aus einem neuen Blickwinkel. An diesem Beispiel einer Beschreibung physischer Zustände, die auf gedanklichen Haltungen beruhen, sollte deutlich werden: Bleibt einer unverändert in seiner körperlichen Haltung, können wir davon ausgehen, daß er sich auch geistig nicht bewegt hat. Er stand vor unserer Argumentation nicht anders als danach; er hat unsere Argumente gehört, aber sie haben ihn nicht bewegt. Bleibt ein Gesprächspartner unbeweglich, hat er auch sein vorgefaßtes Konzept nicht aufgegeben und wird es wiederholen, statt zu diskutieren; es sei denn, er verändert seinen Standpunkt und kommt so zu einer neuen Stellungnahme – wie sein Körper.

Die Frage: Kommst du mit?, gleich ob sie real oder im übertragenen Sinn (mental) gemeint ist, fordert immer dazu heraus, den gewohnten Platz zu verlassen. Und jedes Aufgeben eines Standpunkts bedeutet ein gewisses Risiko. Deshalb klammern sich viele Menschen an Standpunkte, denn Meinungsänderung ist unbequem.

Standpunkt und Stellungnahme

Die Parallelität von Denken und Empfinden

Jede Bewegung, die wir machen, setzt eine Entscheidung voraus. Indem wir zu einem Punkt gehen, verlassen wir einen anderen. Wir haben bereits festgestellt, daß alles, was wir denken, dem Körper übersetzt wird. Gleichzeitig beeinflußt alles, was der Körper tut, unsere Gedanken und Empfindungen. Für manchen Leser ist das mit Sicherheit eine kühne Behauptung, weil im abendländischen Denken der Dualismus, die Trennung von Leib und Seele, tief verwurzelt ist. Es bleibt im Verhältnis von Körper, Geist und Seele grundsätzlich problematisch, stets Ursache und Wirkung zu suchen und zu trennen.

Die moderne Wissenschaft tendiert zu einer Theorie der existentiellen Ganzheit von Leib und Seele. Um der eingefahrenen Denkpraxis wirksam entgegenzutreten, hat man die Lehre, das Körperliche sei ein Effekt des Psychischen, auch schon schlicht auf den Kopf gestellt, und diese Theorie gipfelte in der Behauptung, daß wir nicht weinen, wenn wir traurig sind, sondern daß wir traurig sind, weil wir weinen.

Ohne dieser Theorie folgen zu wollen, läßt sich durch einfache Experimente beweisen oder augenfällig machen, daß der Körper ebenso viele Möglichkeiten der Einwirkung auf die Psyche hat wie umgekehrt die Psyche und das Denken auf den Körper.

Wenn wir unseren Unterkiefer herabhängen lassen, einfach hängen lassen, und in diesem Zustand gefragt werden, wieviel siebzehn mal sieben sei, werden wir entweder gar nicht in der Lage sein, die Aufgabe zu lösen, oder es wird wesentlich länger dauern als sonst.

Der offenstehende Mund kann eine Lähmung und Erstarrung jedes Willensansatzes herbeiführen. Dagegen kann der bei weniger Muskelanspannung leicht geöffnete Mund besondere Aufmerksamkeit signalisieren, weil das beim Atmen durch die Nase entstehende leise Geräusch bei der Mundatmung wegfällt. Der herabhängende Unterkiefer jedoch öffnet nicht nur den Mund, er verursacht gleichzeitig auch eine Anspannung der Kiefermuskulatur, signalisiert also nicht nur die im Augenblick vorherrschende (bei manchen Menschen chronische) Willensschwäche, sondern hemmt damit vor allem den Informationsfluß, stoppt die Informationsaufnahme.

Stillstand des Informationstransports

Wem der Unterkiefer herunterfällt, der ist baß vor Staunen, gelähmt vor Schreck oder überwältigt vom Gefühl. Verliebtheit läßt die gescheitesten Menschen im Augenblick, in dem sie ihr Herz auf der Zunge tragen, höchst töricht aussehen. Was sie fühlen, ist mehr, als sie emotional verkraften können; der hängende Unterkiefer zeigt den Stillstand des Informationstransports an.

Das Kind vor der Bühne des Kasperltheaters, das eben noch das Geschehen mit Stimme und Gestik begleitete, bleibt offenen Mundes stumm, wenn seine geistige Kapazität überfordert ist. Wir brauchen aber nicht unbedingt Beispiele von Verliebten und Kindern heranzuziehen, um den Zustand zu beschreiben, den der offenstehende Mund signalisiert. Ein Mitarbeiter erhält mehrere Anweisungen zugleich. Der gewitzte Vorgesetzte wird bemerken, ob seinem Zuhörer dabei der Mund offenstehen bleibt. Wenn er klug ist, wird er die Aufträge also nacheinander erteilen und damit den sonst unausbleiblichen Stillstand des Informationstransports verhindern.

Eine andere Art, die Informationsakzeptanz herabzusetzen, ist die Muskelkontraktion. Wer unter der Dominanz oder Aggressivität eines Vorgesetzten, eines Partners, eines Lehrers oder einer anderen Person, der er aus sozialen, hierarchischen oder familiären Gründen nicht so gegenübertreten kann oder will, wie er es möchte, leidet, baut einen Muskelpanzer auf, der ihn unempfänglich für Informationen macht. Wer dieses Faktum auf einfache Art nachprüfen will, braucht nur einmal mit locker entspannter Hand über ein Tuch, einen Stoff zu streichen. Wie viele Informationen empfängt er über Struktur, Weichheit und Härte, Wärme und Kälte! Dasselbe Experiment mit angespannter, verkrampfter Hand ausgeführt, bringt so gut wie keine Information, außer der vielleicht, wo der Stoff anfängt und wo er aufhört. Wir streicheln einen geliebten Menschen auch mit leichter Hand und empfangen von Haut und Gesicht mannigfache Information, der es uns ermangelte, hätten wir die Hand zur Klaue verkrampft.

Kontraktion wirkt sich grundsätzlich informationshemmend aus. Wer eine schwere Last auf dem Rücken trägt, kann währenddessen wenig Informationen verarbeiten. Er wird sie sogar abwehren und, soweit sie ihn erreichen, als Belästigung empfinden. Und wieder zeigt sich die Parallelität von Psyche und Physis. Die Last, die einer gedanklich mit sich herumschleppt, ruft dieselben körperlichen Erscheinungen hervor, die wir von Lastenträgern kennen. Belastung durch Gedanken, Verantwortung als Last empfunden führen zu Verkrampfung und

Deutlicher wird die Information durch »Be-Greifen«.

Verbissenheit macht es uns schwer, das Leben schön zu finden. Die Muskelanspannung schafft eine allein geistig nicht zu lösende Verhärtung. Verkrampft sich der Körper, ist auch der Geist gefesselt.

Verkrümmung der Schultern und des Rückens. Schlechte Haltung bei Kindern ist oft ein Zeichen von zu großer Verantwortungslast, die Eltern oder Lehrer ihnen aufbürden.

Diese Prozesse von Spannung und Entspannung, von Abwehr und Aufnahmebereitschaft kann jedermann leicht an sich selbst nachvollziehen. Beißen Sie nur einmal die Zähne fest zusammen und versuchen Sie, in dieser Haltung über das Leben nachzudenken – positiv! Sie werden feststellen, wie schwer Ihnen das fällt; denn indem Sie die Zähne aufeinanderpressen, entsteht in Ihrem Körper jener Muskelpanzer, der durch Muskelanspannung verursacht wird.

Das gegenteilige Beispiel: Wir lecken uns genußvoll die Lippen und versuchen, über das Leben nachzudenken – negativ! Auch das fällt uns schwer, denn der Körper signalisiert Psyche und Verstand ein Vergnügen. Fordert man eine Gruppe von Menschen beispielsweise in einem Seminar auf, sich an dem zuletzt genannten Exempel zu beteiligen, gibt es regelmäßig Probleme. Knapp die Hälfte der Teilnehmer hat Hemmungen mitzumachen. Warum? Die Situation in einem Seminar ist grundsätzlich so beschaffen, daß niemand ein Risiko eingeht, wenn er an einem Experiment teilnimmt. Die Aktion des Lippenleckens jedoch ist gesellschaftlich negativ besetzt – und deshalb ist die Hemmschwelle so hoch. Man darf in unseren Breiten weder Lust empfinden noch gar sie öffentlich bekunden. Das erste Experiment aber, bei dem die Zähne zusammengebissen werden sollen, macht nie und bei niemandem ähnliche Schwierigkeiten. Verbissen dürfen wir sein!

Wer sich so die Lippen leckt, wird sich schwertun, an alle Übel dieser Welt zu denken. Die Bewegung des Körpers (der Zunge) macht den Geist genüßlich. Er kann nicht anders. Die Bewegung ist ein Teil eines unausgesprochenen Gedankens.

Das »Ei-und-Henne-System«

Der Parallelität von Denken und Fühlen entspricht die Gleichzeitigkeit von Reiz und Reaktion, von Denken und Bewegung. Es gibt aber auch keinen Reiz ohne bestimmten Hintergrund. Eine bestimmte Situation löst bestimmte Reize aus. Damit ist die Bedingtheit allen Geschehens von Menschen, von Schauplätzen und den Beziehungen zwischen diesen, das heißt zwischen den Menschen untereinander und der Situation, in der sie sich befinden, angesprochen. Wenn ich vom »Ei-und-Henne-System« spreche, hat das nichts mit der nicht enden wollenden Diskussion zu tun, was zuerst da war, das Ei oder die Henne. Im Gegenteil, es geht um Gleichzeitigkeit und absolute Abhängigkeit nach dem Motto: Ohne Ei keine Henne, ohne Henne kein Ei.

Es gibt auch in der Sprache unseres Körpers keine Zufälle. Sie ist programmiert und determiniert in einem Maß, das uns zu akzeptieren schwerfällt. Dennoch tun wir gut daran, die Augen nicht zu verschließen gegenüber dieser Bedingtheit. Im Verhältnis des einzelnen zur Gruppe wird sie am frühesten – nämlich mit der Geburt – sichtbar.

Werte und Urteile,
Raster und Strukturen

Jeder, der einmal vor einer Gruppe gestanden hat, etwa um einen Vortrag oder eine Rede zu halten, kennt die peinliche Situation, plötzlich nicht mehr zu wissen, wohin mit den Händen. Sie werden ihm auf einmal bewußt und dadurch als störend empfunden. Das aber ist nur das Anfangsstadium, denn im nächsten Augenblick »vermehren« sich die Hände. Man hat nicht mehr zwei, sondern unübersehbar viele Hände und weiß erst recht nicht mehr, wohin mit ihnen. Hat der Redner nach einiger Zeit dann die Aufmerksamkeit seiner Zuhörer gewonnen und fühlt sich in seinem Engagement für das Thema sicher, stören ihn seine Hände überhaupt nicht mehr, sie dienen jetzt gestisch der Kommunikation.

Warum aber haben die Hände anfangs gestört? Sieht man den engen Zusammenhang von Körper und Geist, ist die Antwort auf diese Frage einfach. Das Problem liegt selbstverständlich nicht bei den Händen, sondern in unserem Bewußtsein, und dieses ist durch unsere Erziehung geprägt. Da sitzt oder steht eine Gruppe mit einer bestimmten Erwartung vor uns, die wir aber nicht genau kennen. Unsere Erziehung wiederum hat uns gelehrt, daß wir selbst als Person keinen besonders hohen Wert haben. Wer wagt es schon, von sich zu sagen: Ich bin gut!

Körpersprache drückt auch soziales Verhalten aus und läßt sich deshalb nicht von der gesellschaftlichen Struktur trennen, in die einer gehört. Zwar dürfte es keine Diskussion geben über den Satz: Ich bin gut!, weil es eine unabhängige Feststellung ist, mit der kein Vergleich und keine Beziehung zu anderen hergestellt wird. Dasselbe gilt für die Konstatierung: Ich bin schön! Wer kann einem verbieten, sich selber schön zu finden? Selbst der Widerspruch: Ich finde dich aber nicht schön! geht ins Leere, denn die Antwort könnte berechtigterweise lauten: Ich mache meine Schönheit nicht von deinem Geschmack abhängig.

Was damit angedeutet werden soll, ist die Unsicherheit, um nicht zu sagen Willkürlichkeit der Wertbegriffe »gut und schlecht«, »schön und häßlich«. Solange einer sich isoliert sieht, ist gut oder schön eine Selbstdefinition. Sobald wir jedoch in Vergleich zu anderen treten, müssen gemeinsame, man könnte auch sagen verabredete Maßstäbe gelten. Die Diskussion beginnt mit dem Vergleich.

Die Unabhängigkeit, die zu der Selbstdefinition: Ich bin gut! führen kann, ist natürlich Theorie und Illusion. Da wir abhängig sind von der Gemeinschaft, von der Gruppe, von der Gesellschaft, nimmt sie das Recht in Anspruch, zu beurteilen, ob einer gut oder schlecht, schön oder häßlich ist und ebenso, ob etwas gut oder schlecht, schön oder häßlich ist. Daß die Gruppe solche Festlegungen treffen kann ist deshalb so merkwürdig, weil Gruppe zugleich etwas Abstraktes ist und eine Ganzheit.

Der einzelne und die Gruppe

Der Redner *vor* der Gruppe (Konfrontationsstellung) erringt die Aufmerksamkeit seiner Zuhörer. Wagt er sich, wie auf dem Bild auf der rechten Seite zu sehen, auch einmal mitten hinein, erreicht er mehr Aufgeschlossenheit.

Was also ist eine Gruppe? Sagt jemand »wir«, so bleibt dieses »wir« oft undefiniert. Wenn wir von einer Gruppe reden, ist im Prinzip eine Ganzheit angesprochen, die als solche einen bestimmten Charakterzug besitzt, weniger psychologisierend gesagt: eine bestimmte Ausrichtung hat, sich aber im Detail nicht definieren läßt. Ihre Ganzheit wiederum besteht jedoch aus diesen Details. Das heißt, sie muß die Details in einer Zwangsform binden, damit sie selber existiert. Es gibt die Gruppe sonst nicht.

Setzen wir nun Individuum für Detail, kommen wir zu dem Satz: Die Gruppe macht das Individuum von sich abhängig, damit sie als Gruppe existieren kann. Das Individuum seinerseits braucht wiederum die Gruppe zum Überleben. So einfach und so kompliziert zugleich ist das. Der Mensch entzieht sich nicht dem Zwang, ein soziales Wesen zu sein. Ein Pantoffeltierchen braucht nur die Entscheidung mit sich zu teilen, um sich fortzupflanzen. Der Mensch braucht einen anderen dazu.

Urteilen nach Erwartung

Die Gruppe besteht aus Individuen, also braucht sie das Individuum. Sie ist zugleich eine lebendige Struktur, die Ziele setzt, wie jeder lebende Organismus. Die Beurteilung, die der einzelne erfährt, ist geprägt von den Erwartungen, die von der Gruppe gehegt werden. Was heißt, ein gutes Kind zu sein? Es heißt, daß es das tut, was die Eltern, die erste herrschende Gruppe also, von ihm erwarten. Ein schlechtes Kind dagegen tut, was es selber will.

Ich habe einen meiner Söhne einmal bei einer Tante gelassen. Als ich wiederkam, sagte sie: Dein Sohn ist ein schlechtes Kind. Ich nahm ihn und machte Anstalten, ihn aus dem Fenster zu werfen. Halt, rief sie, was machst du denn da? Ich sagte: Wegwerfen will ich ihn, warum soll ich etwas behalten, was schlecht ist? So hatte sie es natürlich nicht gemeint, und im Gespräch kamen wir darauf, daß er sich lediglich nicht so verhalten hatte, wie sie es erwartete. Er konnte das nicht wissen, denn er war damals erst ein Jahr alt. Aber schon wurde er mit gut oder schlecht beurteilt. Im Ausnahme- und Idealfall könnte natürlich ein Kind das machen, was es selber will, und träfe damit auch die Erwartungen der Eltern (Gruppe). Wie oft aber ereignet sich dieser Zufall?

Beim Heranwachsenden oder Erwachsenen kommt es gelegentlich zu Scheinübereinstimmungen, dann nämlich, wenn sich das Individuum so stark an die Gruppe adaptiert hat, daß es glaubt, was es in ihrem Sinn tue, entspräche auch seinem eigenen, ursprünglichen Wunsch. Wir identifizieren uns tatsächlich stark mit unserer Arbeitswelt, unserer Familie, mit unserer Partei – jeder glaubt, er habe den Sozialismus erfunden. Dasselbe gilt uneingeschränkt für alle übrigen Parteien, Parteiungen und -ismen.

Guter Mitarbeiter – schlechter Mitarbeiter

Worüber sich der einzelne klar sein muß, ist, daß die Gruppe über ihn urteilt, und zwar je nachdem, ob er ihre Erwartungen erfüllt oder nicht. Ob gutes Kind – schlechtes Kind, guter Schüler – schlechter Schüler, guter Staatsbürger – schlechter Staatsbürger, nie sind es individuelle oder gar absolute Maßstäbe, die

Die Fotos zeigen eine bei Tischgesprächen beliebte Haltung. Die Arme sind versteckt, nur aus dem Handgelenk wird die Rede unterstützt.

Deutlich hebt sich die Hand zur Abwehr. Offenheit bleibt ausgeschlossen.

Dasselbe im Stehen: Die Arme sind an den Körper gelegt, argumentiert wird nur aus den Handgelenken. Die starre Haltung spiegelt sich im Blick.

dem Urteil zugrunde liegen, sondern immer ist es die Gruppe, die entscheidet, und Maßstab sind ihre Erwartungen. Erfüllen wir diese Erwartungen, sind wir gut, erfüllen wir sie nicht, sind wir schlecht.

Aus dem Gesagten wird bereits deutlich, daß nicht von allgemeingültigen moralischen Kategorien die Rede ist, bei deren genauerer Untersuchung sich allerdings auch herausstellen würde, daß sie Gruppen-Interessen und Gruppen-Erwartungen entsprechen. Insofern wir von der Gruppe abhängig sind, müssen wir unser Bewußtsein von gut und schlecht, schön oder häßlich mit den Erwartungen der anderen in Einklang bringen. Denn eines ist klar, der einzelne braucht die Gruppe, sie gibt Geborgenheit und macht Spezialisierung, Arbeitsteilung zum Beispiel, möglich.

So wie die Gruppe Schutz und innerhalb ihrer Interessengrenzen Freiraum bietet, hat der einzelne gewisse individuelle Vorstellungen und Wünsche zurückzustellen; und er tut es als Gegenleistung für das Genußversprechen, das die Gruppe ihm gibt. Umgekehrt muß die Gruppe ihre Erwartungen gelegentlich einschränken, muß einem Individuum ausgefallene Verhaltensweisen erlauben, wenn dessen Nutzen für die Gruppe nur unter weniger starren Bedingungen wirksam werden kann. Bei Künstlern etwa macht die Gruppe diese Ausnahme zur Regel. Wie schwierig es sein kann, die Erwartungen der Gruppe zu erfüllen, läßt sich auch an der Seminarsituation zwischen Vortragendem und Teilnehmern exemplifizieren. Selbstverständlich verbindet die Gruppe mit dem Vortragenden

Das Lachen wirkt »unecht«, denn es erhält keine Unterstützung durch emotionale Zeichen, das heißt Bewegungen des Körpers. Solange die Arme am Gespräch nicht teilnehmen, wird keine Zuneigung beim anderen ausgelöst werden. Die Brustpartie zeigt deutlich den Gefühlsstau.

und/oder seinem Thema Erwartungen. Er wird die Gruppe kaum vorher nach ihren Erwartungen fragen, weil diese erfahrungsgemäß nur sehr allgemeine Auskünfte darüber geben kann. Obwohl die Gruppe ihre Erwartungen im Detail gar nicht formulieren kann, wird sie bald beginnen, über den Vortragenden zu urteilen. Nach dem Seminar, nach dem ersten Tag oder schon in der ersten Kaffeepause heißt es gewöhnlich: Er ist gut oder er ist schlecht!

Je nachdem, ob es den undefinierten Erwartungen entsprochen hat, wird das Handeln des Vortragenden gewertet. Wie hat er's gemacht? Handeln hat, wie das Wort sagt, etwas mit Händen zu tun. Aus der Ungewißheit über das richtige Handeln, das eigentlich auf das Urteil der Gruppe gerichtet ist, entsteht das Problem für die Hände. Es ist gelöst, sobald die Hände etwas zu handeln haben, wenn sie Werkzeuge des Vortrags, der Kommunikation geworden sind.

Wer glaubt, er spräche ohne Hände, der spricht vielleicht ohne Oberarm. An Engländern läßt sich beobachten, daß sie hauptsächlich aus dem Handgelenk sprechen. Die Hände jedoch sind immer miteinbezogen. Genau wie andere Körperteile auch, sind sie nicht nur ausführende Organe von Verstand und Gefühl. Das sind sie freilich auch, aber sie wirken ihrerseits genauso stark auf Geist und Gefühl zurück. Wer zum Beispiel die Hände dort läßt, wo die Natur sie angebracht hat, nämlich an den Armen rechts und links vom Körper herabhängend, wird sich mit diesem Hängenlassen wie von selbst, in Wahrheit aber durch ein Körpersignal, in eine unbewegte, monotone Stimmung versetzen, die sich sofort auch auf Stimme und Tonfall überträgt. Erfüllen wir damit die Erwartungen der Gruppe, ist es gut, wenn nicht, ist es schlecht. Gut und schlecht erweisen sich mehr und mehr als ambivalente Begriffe.

Die Hände sprechen immer mit

». . . denn an sich ist nichts gut oder böse, das Denken macht es erst dazu.« Der Satz ist von Shakespeare, er läßt es Hamlet leicht ironisch zu Rosenkranz und Güldenstern, den verräterischen Jugendgenossen, sagen. In der Tat kennt die Natur kein gut oder böse, die Dinge selbst sind es nicht, das Denken jedoch, das von Anbeginn auf Überleben gerichtet war – und deshalb immer soziales Denken sein mußte –, schuf Ordnungen und Kategorien, darunter die von gut und schlecht.

Wir neigen alle dazu, die Kategorien von gut und schlecht für absolut zu nehmen. Auch Körpersprache wird selten einfach als Phänomen angesehen; jeder will sie auch bewerten.

Wenn wir aber Körpersprache analysieren wollen, brauchen wir Wertmaßstäbe. Damit entsteht ein spezifisches Problem. Natürlich kann man sagen: Diese Bewegung bedeutet das, und jene Bewegung bedeutet dieses. In meinem ersten Buch *Körpersprache* habe ich entsprechende Hinweise gegeben.

Eine Bewegung, die ich als defensiv erkenne, ist zunächst weder gut noch schlecht, sie ist nur defensiv. Erst wenn ich etwas über die Ziele weiß, die einer gerade anstrebt, kann ich beurteilen, ob die defensive Bewegung für sein Ziel gut oder schlecht ist. Die Bewegung an sich unterliegt keinem Werturteil.

Gut oder böse?

Defensive Bewegungen sind also keineswegs von vornherein schlecht. Angst ist nichts Negatives, im Gegenteil, sie ist eine positive Alarmanlage, die uns zu unserem Schutz gegeben ist. Überempfindliche Alarmanlagen schalten sich vielleicht zu früh ein und schalten die Konzentration auf anderes zu früh aus: Das freilich schadet der Fähigkeit zur Kommunikation. Für bestimmte Situationen dagegen kann die Alarmanlage gar nicht empfindlich genug eingestellt sein.

Keine Bewegung an sich ist gut oder böse. Der Vorsatz, das Ziel und die Beurteilung machen sie erst dazu. Oder anders gesagt: Erst wenn wir die Dinge in Beziehung zueinander setzen, können wir sie beurteilen, ja nehmen wir sie überhaupt erst wahr.

Erfahrung ist Vergleich

Was wir wahrnehmen, ist der Unterschied zwischen den Dingen, sind nicht die Dinge selbst.

Wo alles schwarz ist, können wir nichts mehr erkennen, weil nichts auseinanderzuhalten ist. In einem gelben Land mit gelben Dingen und gelben Menschen nehmen wir nichts wahr, bis, sagen wir, ein grüner Mann kommt. Man sagt zu Recht, die Ausnahme bestätige die Regel, denn ohne Ausnahme erkennen wir die Regel nicht. Die Unterschiede sind es, die uns Wahrnehmung ermöglichen; deswegen gehen auch unsere Finger hin und her auf einem Gegenstand, den wir tastend wahrnehmen wollen. Auch unser Auge ist ständig in Bewegung.

Durch Unterschiede nehmen wir wahr, durch Vergleiche bilden wir uns ein Urteil.

Ein Beispiel: Wir sprechen von einem großen Apfel. Da liegt er mutterseelenallein. Wie kommen wir darauf, ihn groß zu nennen? Er steht für uns in einer Beziehung, die ihn groß oder klein erscheinen läßt. Durch viele Vergleiche sind wir zu einem durchschnittlichen Wert gekommen, der allerdings nur gemessen an den Vergleichsgegenständen gilt, die uns zur Verfügung standen. Gehen wir in ein unbekanntes Land, in dem man Äpfel mit etwas mehr Wachstumsstoffen versorgt, wirkt unser großer Apfel auf einmal klein – vergleichsweise –, und unser System ist außer Kraft gesetzt.

So gelten Bezeichnungen wie groß oder klein auch immer nur in Bezug zu etwas, in irgendeiner Beziehung zu etwas Gleichartigem. Aber seien wir uns nicht gar zu sicher. Ein Apfel von zwanzig Zentimetern Durchmesser, den wir gemessen an anderen Äpfeln als groß bezeichnen, ist klein gemessen an einer Wassermelone, also einer anderen Frucht, und damit in seiner Beziehung zu anderem Obst gesehen; denn wer sagt, daß ich den Apfel nur mit anderen Äpfeln vergleichen darf? Ordnen wir ihn der Gruppe Obst zu, ist er ein größeres Obst als eine Pflaume und ein kleineres als eine Wassermelone. So stellt sich immer zuerst die Frage, woran wir messen, womit wir vergleichen, wo wir etwas einreihen. Für die Ordnung, nach der wir uns richten, hängt alles von der Gruppe oder dem Oberbegriff (Obst) ab, unter der beziehungsweise dem wir den Gegenstand sehen. Innerhalb bestimmter Gruppen werden Vergleiche und Zuordnungen möglich.

Raster der Wahrnehmung

Unser Leben, unsere Wahrnehmung ordnet sich nach bestimmten Rastern. Wir urteilen nach Rastern, die wir durch Erziehung und Erfahrung (durch Vergleich) ausgebildet haben.

Probleme, Schwierigkeiten in der Kommunikation entstehen dadurch, daß wir davon ausgehen, alle anderen hätten dieselben Ordnungsraster wie wir. Daher das große Erstaunen vieler Menschen, wenn sie mißverstanden werden, obwohl sie sich so unmißverständlich dünken. Wenn wir begreifen, daß ein anderer keineswegs dieselben Erfahrungen gemacht haben muß wie wir, ja daß es unwahrscheinlich ist, einen Partner zu treffen, dessen Ordnungsraster nahtgleich mit den unseren übereinstimmen, sind wir ein gutes Stück weitergekommen in der Fähigkeit zur Kommunikation. Unser Apfel zum Beispiel ist nicht nur ein Obst, wir können ihn auch als rundes Element begreifen. Wenn wir also eine Gruppe von runden Elementen schaffen, steht die Größe des Apfels wieder in einer neuen Relation. Er wird groß oder klein, je nachdem mit welchen anderen Dingen wir ihn vergleichen. Der Vergleich mit der Sonne allerdings wirft alle anderen Relationen über den Haufen.

Wenn wir also beginnen, Werturteile, Urteile zu fällen, müssen wir uns über den Raster, den jeweils zutreffenden Ordnungsraster, unter dem wir etwas sehen und beurteilen, im klaren sein. Immer kommt es auf die Relation an. Erinnern wir uns daran, daß wir überhaupt nur in Relationen, in Unterschieden wahrnehmen!

Ob groß oder klein, gut oder schlecht, ein Raster ist immer im Spiel. Die Dinge haben nur Eigenschaften. Gut oder schlecht bezieht sich stets auf einen Zusammenhang, man könnte auch sagen, daß diese Wertungen von der jeweiligen Zielvorstellung abhängen. Gut wozu? Schlecht wofür? Das klingt sehr pragmatisch. Ist Gift gut oder schlecht? Abgesehen von der Scherzantwort, es käme darauf an, wem man es gäbe, wissen wir, daß Gift heilt und tötet. Ziele, die in unsere Moralvorstellungen eingegangen sind, erweisen sich sehr häufig als Ziele einer Gruppe, die keineswegs mit den Zielen des einzelnen übereinstimmen müssen.

Arbeitsmoral etwa ist für die Gruppe gut, für das Individuum, das sich ihr unterwirft, nicht unbedingt. Fragen wir einmal durchaus bewußt provokativ, wem Arbeitsmoral nützt. Wer braucht Arbeitsmoral? Der einzelne, der es sich gern bequem macht, längere Pausen genießt und sich dabei ganz und gar wohl fühlt? Sicher nicht. Selbstverständlich versucht die Gruppe sich zu wehren. Bereits während unserer Erziehung lernen wir die Mechanismen kennen, mit denen sie sich durchzusetzen sucht: Gewissen, Moral, Arbeitsethik und so weiter. Für die Gruppe ist es notwendig, diese Positionen einzuführen, zu erhalten und zu verteidigen. Für das Individuum stellt sich diese Notwendigkeit nicht per se; allerdings kann es sich der Forderung kaum entziehen, weil es die Gruppe braucht. Moral, insbesondere Arbeitsmoral, gibt es selbstverständlich nur beim Menschen, die Tiere kennen sie nicht, auch nicht die sprichwörtlich fleißigen Bienen und Ameisen. Auch sie sind von der Natur für einen bestimmten Zweck programmiert, eine freiwillige Entscheidung, Arbeit zu leisten, gibt es für sie nicht. Vielleicht erlaubt die Gentechnik eines Tages, beim Menschen Arbeitsmoral zu programmieren, nur hätte sie dann nichts mehr mit Moral zu tun.

Noch einmal: Der einzelne und die Gruppe

Ziele, nach denen wir beurteilt werden, sind in ihrer Mehrzahl Ziele der Gruppe. Dabei darf nicht aus den Augen verloren werden, daß wir selbst, jeder einzelne von uns, immer zugleich Individuum und Teil einer Gruppe ist. Unsere Erziehung läßt uns vor allem als Teil der Gruppe erscheinen, sie geht vom Bedürfnis der Gruppe aus, ist ein sozialer Akt. Erziehung zielt auf eine Konditionierung des einzelnen für eine Wirklichkeit, die eine Gruppe braucht. Arbeitsmoral ist ein typisches Beispiel.

Selbstverständlich ist die Gruppe der eigentliche Nutznießer. Wertmaßstäbe, die uns selbstverständlich erscheinen, signalisieren zu allererst Gruppeninteresse. Hier liegt die Quelle für den individuellen Konflikt. Ist gut, was mir nützt und der Gruppe nicht, oder ist gut, was der Gruppe nützt, mir aber vielleicht schadet? Gibt mir die Gruppe jedoch Spielraum, verringert sich das Konfliktpotential. Das kann so aussehen, daß die Gruppe Regeln erläßt, die für die Öffentlichkeit gelten, dem einzelnen aber eine Privatsphäre lassen, in der er die Gesetze der Gruppe überschreiten kann. Stillschweigende Duldung der Privatsphäre verletzt die Gesetze nicht, die für die Gruppe gelten.

Wer offen die Gesetze der Gruppe verletzt, ist zunächst ein Störenfried und wird zum Außenseiter. Gelingt es ihm aber, die Gruppe zu revolutionieren, was schwer ist, da eine Gruppe stets schwerfälliger reagiert als ein einzelner, so schafft er neue Wertrelationen, nach denen sich die Gruppe wiederum in ihrem Verhalten einrichtet.

»Arbeitsmoral«

Wir werden uns auch im Alltag auf den Konflikt zwischen Individuum und Gruppe einrichten müssen, der sich zu allererst in uns selbst abspielt. Darüber hinaus muß uns klar sein, daß für den einzelnen nicht nur gut ist, was der Gruppe nützt, und für die Gruppe nicht immer gut, was vorteilhaft ist für den einzelnen. Was für den Betrieb gut ist, muß keineswegs dem Mitarbeiter nützen, und umgekehrt. Wir haben es häufig mit einer Pendelbewegung zu tun. Der eine oder der andere steckt zurück, um im Gegenzug seinen Vorteil wahrnehmen zu können.

Das beginnt in der Familie als der ersten beherrschenden Gruppe, geht über die soziale Gruppe bis zu dem Kulturkreis, dem wir angehören. Was gut ist oder schlecht, nützlich oder schädlich, bestimmt primär die Gruppe; und wir wissen natürlich, ohne es uns immer einzugestehen, daß die Maßstäbe, die so gesetzt werden, den Bedürfnissen der Gruppe entsprechen und in unterschiedlichen Kulturkreisen aus diesem Grund erheblich voneinander abweichen können, was dann wieder zu Konflikten zwischen unterschiedlichen Kulturkreisen führen kann.

Aus diesen Gründen ist Zurückhaltung angeraten bei der Beurteilung von Vorgängen und Dingen als gut oder schlecht. Häufiger als man auf Anhieb meinen möchte, läßt sich die Frage nach gut oder schlecht gar nicht absolut beantworten, sondern fordert die zweite schon gestellte Frage heraus, die heißt: Gut für wen? Man braucht gar nicht so weit zu gehen, nach den Begriffen von gut und schlecht bei den Kannibalen nachzufragen, es gibt weniger extreme Beispiele.

Wenn einer von uns nach dem Essen aufstößt, gilt er als schlecht erzogen, stößt er bei den Beduinen nicht auf, gilt er dort ebenfalls als schlecht erzogen. Er hat seinem Gastgeber nicht zu erkennen gegeben, daß er satt geworden ist, so vollgegessen, daß ihm die Luft entweicht. Aufstoßen ist hier nicht nur gut, es ist Pflicht, weil man sonst entweder immer mehr zu essen bekommt oder als einer gilt, der dem Gastgeber beleidigt zu verstehen gibt, man habe ihm nicht genug aufgetischt, und ihn so zu einem schlechten Wirt stempelt.

Es hat etwas mit dem alten Kolonialdenken zu tun, daß wir häufig davon ausgehen, unsere Wertvorstellungen müßten für alle Kulturkreise gelten.

Die Ambivalenz der Werte

Robin Hood war ein Räuber, und er war ein Wohltäter der Armen und ein Held. Unter welchem Aspekt wir ihn sehen und unter welchem vor allem seine unmittelbaren Zeitgenossen ihn sahen, hängt von dem Raster ab, in den sein Handeln bei uns fällt und bei jenen damals fiel. Für die Reichen seiner Zeit, die er ausplünderte, war er ein Räuber, für die Armen, denen er austeilte, war er ein Wohltäter. Damit soll nachdrücklich gesagt sein, daß die Werte, von denen wir meist so selbstverständlich ausgehen bei der Beurteilung von Menschen und Dingen, so unbedingt nicht sind. Das heißt, es sind nicht eherne Gesetze, sondern sie haben unmittelbar mit den Rastern zu tun, durch die wir die Welt sehen und die uns durch Erziehung, gesellschaftliche Gruppierung und Kulturkreis vorgegeben sind.

Übrigens ändern ganze Gesellschaften von Zeit zu Zeit ihre Raster. Was gestern noch als gut galt, kann morgen schon in Verruf kommen oder als veraltet angesehen werden – was nicht nur für Mode und Moden gilt. Jede soziale Entwicklung läßt neue Ordnungsraster entstehen; die Gesetze eines Staates erweisen sich auf einmal als inkongruent zum geltenden und sich ebenfalls ständig wandelnden Moralgesetz. Insofern erscheint es selbstverständlich oder zumindest einleuchtend, daß all unsere Wertvorstellungen tatsächlich von Zielen – individuellen oder gemeinschaftlichen – und von Betrachtungsweisen – sprich: Rastern – abhängig sind.

Eine Veränderung der Gesellschaft schafft neue Begriffe und verändert die Erziehung des einzelnen.

Raster und Ziele
Auch für die Beschäftigung mit Körpersprache bedarf es dieser Klärung der Begriffe, auch hier kommt es auf Raster und Ziele an. Eine Körperbewegung zu beurteilen, heißt, gleichzeitig und sozusagen automatisch zu fragen, was erwarten wir von diesem Menschen, was erwarten wir von seiner Bewegung.

Unsere Bewegungen sind Äußerungen des Körpers und unterliegen höchst unterschiedlichen Beurteilungen, unter anderem auch noch getrennt nach Gruppen- beziehungsweise Individualinteressen. Lachen, als menschliche Äußerung grundsätzlich positiv besetzt, kann die Gruppe sehr stören, wenn es einer am vermeintlich falschen Ort tut, weil er sich so benimmt, als seien die anderen gar nicht da. So ist zum Beispiel in Japan Lachen und Zähnezeigen verpönt. Wenn wir Tisch, Flasche, Glas sagen, benennen wir in einem abgrenzenden Sinn ein Element. In der Natur existieren Strukturen, deren Elemente anders als bei unseren Denkstrukturen in einer strengen Ordnung zueinander stehen. Ihre Ordnung macht ihre Struktur aus. Entnehmen wir ein Atom oder fügen wir zwei Atome hinzu, verändern wir die Struktur. Wenn wir ein Wort sagen, zum Beispiel Wald, schaffen wir eine Struktur, einen Begriff. In der Natur existiert kein »Wald«. Es gibt nur einen Baum, einen Baum, einen Baum – auch wenn diese Beziehungen untereinander haben. Wir als Betrachter nennen diese Ansammlung von Bäumen »Wald«, und wir könnten denken, daß unsere Gedankenstruktur Wald einer Struktur in der Natur gleichzusetzen sei. Es stellt sich jedoch ein entscheidender Unterschied heraus. Wenn wir nämlich zehn Bäume wegnehmen und tausend Pilze hineinsetzen, verändert sich durch diese Manipulation der Begriff Wald überhaupt nicht.

Wir sprechen von Möbeln und fragen uns selten, was Möbel sind. Gibt es so etwas überhaupt? Es handelt sich natürlich um einen Oberbegriff, und dieser Begriff bildet sich aus einer Nutzerwartung, und der einzelne subsumierte Gegenstand wird nach dieser Nutzerwartung beurteilt. Ein zerbrochener Holzstuhl wird in der Gruppe Möbel als schlecht beurteilt, weil er in ihn gesetzte Erwartungen nicht erfüllt. Derselbe zerbrochene Holzstuhl, der sich in sich selbst nicht verändert hat, entspricht in der Gruppe Brennholz der Nutzerwartung und ist infolgedessen gut.

Ein Element, eine Sache, die ich einer anderen Gruppe zuteile, einem neuen Oberbegriff unterordne, fällt in einen anderen, neuen Raster. Das Element ist an eine andere Nutzerwartung gekoppelt, und schon verändert sich sein Wert. Was früher Abfall hieß, wird heute als Recyclingmaterial geschätzt.

Zum Verständnis von Körpersprache ist solche Erkenntnis unerläßlich, denn die Bewegungen eines Menschen im einzelnen und noch mehr in ihrem Zusammenhang lassen sich nur in Beziehung mit seiner Einstufung in eine Gruppe analysieren. Der Erfolg der Analyse hängt weitgehend davon ab, ob ich den Ordnungsraster des anderen erkenne und von meinem eigenen abstrahieren kann.

Ein einfaches Beispiel: Mein Sohn liebt Sachertorte, Schokoladentorten überhaupt, und er genießt – er darf, er ist noch klein –, indem er sie mit beiden Händen in den Mund stopft. Er sieht mich, rennt auf mich zu, und ich rufe: Stopp, du machst mich schmutzig. Er betrachtet seine Hände, probiert: Lecker! Und rennt wieder auf mich zu. Der Vorgang wiederholt sich, und, gleichgültig wie die Sache ausgegangen ist, es steckt eine Lehre darin: Was in seinem Mund eine Delikatesse war, wurde auf meiner Hose Schmutz; an sich war es nichts als Schokoladentorte. Ein Ordnungsraster von deutlicher Relativität entscheidet über den Wert der Dinge, darüber, ob Schokolade Schmutz oder Delikatesse ist.

Wir schwärmen von sauberen Sandstränden, ein bißchen davon in unserer Suppe, und die Begeisterung ist dahin. So entpuppt sich die Wertfrage als eine Ordnungsfrage: Durch welchen Raster betrachte ich etwas, nach welcher Ordnung bewerte ich es.

Wenn bisher von Rastern die Rede war, konnte vielleicht der Eindruck entstehen, als sähen wir die Menschen und die Welt schematisch durch einen einzigen Raster. Wir verfügen aber über deren viele. Bei jeder Begegnung, die wir haben, fällt einer dieser Raster, durch den wir wie durch einen Filter sehen, und wird durch die Situation und die Beziehung der Person zu Situation und Milieu blitzschnell gewechselt.

Ein Beispiel für diesen Rasterwechsel: Ein Mann, eine Frau. Die Frau schaut dem Mann tief in die Augen. Die Frau hat ein Messer in der Hand. Die Szene spielt sich in der Küche ab. Während wir diese Geschichte lesen oder hören, verändert sich bei jeder zusätzlichen Information unser Vorstellungsraster, beziehungsweise es bildet sich ein neuer Raster:

Ein Mann: Wir machen uns ein Bild von einem Mann.

Eine Frau: Ein neuer Raster. Es wird interessant. Zwischen einem Mann und einer Frau kann eine Spannung entstehen. *Sie sieht ihm tief in die Augen:* Rosa-Raster – schön. *Die Frau hat ein Messer in der Hand:* Raster violett. *Das Ganze spielt sich in der Küche ab:* Weißer Raster – alles in Ordnung.

In der Tat ändern sich die Raster, nach denen wir unsere Wertungen vornehmen, mit jeder winzigen zusätzlichen Information, die wir erhalten. Auf der anderen Seite bedeutet es auch, daß wir in der Gefahr sind, einen Menschen, eine Situation, eine Bewegung von einem bestimmten oder gewohnten Standpunkt aus zu beurteilen, obwohl uns unter Umständen eine kleine, jedoch ausschlaggebende Information fehlt. In diesem Fall werden wir falsch urteilen.

Betrachten wir die eben geschilderte kleine Szene einmal ganz unter dem Gesichtspunkt der Körpersprache und mit einem anderen Hintergrund. Wir hören nichts: Ein Mann, eine Frau. Sie sieht ihm tief in die Augen. Sie hat ein Messer in der Hand. *Das Ganze spielt sich im Schlafzimmer ab.*

Schokolade im Mund – Schokolade auf der Hose

Rasterwechsel

Schokolade schmeckt gut.

Delikatesse...

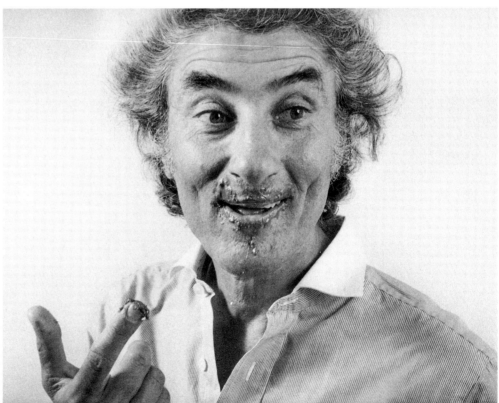

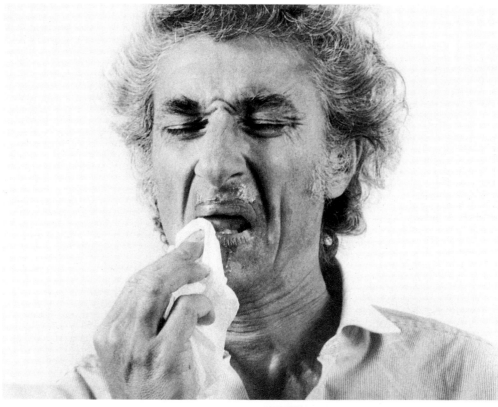

Schokolade macht schmutzig.

... oder Schmutz auf der Hose?

Der Wahrnehmungsraster verändert sich durch den Ortswechsel vollkommen. Das Schlafzimmer wird zum Tatort. Wenn wir hören könnten, was die Frau sagt, würden wir aus ihrem Mund vernehmen, wie sie ganz erregt sagt: »Soll ich den Braten anschneiden oder dir ein Käsebrot machen?«

Bei dem, der diesen Satz hört, fällt wieder ein neuer Raster. Der Gegenstand Messer wird aus der Gruppierung Schlafzimmer in die Gruppierung Küche zurückversetzt. Statt Gruppierung könnten wir auch wieder »Raster« sagen. Im nächsten »Tatort« sähe es anders aus. Wie im Genre des Kriminalfilms üblich, beobachtet die Nachbarin von gegenüber die Szene mit einem großen Fernglas.

Was sie sieht, ist für sie eindeutig. Die verdächtige Frau würde schuldig gesprochen, käme da nicht im letzten Moment der Nachbarssohn, ein Tonbandamateur, der durch die dünne Wand der Sozialbauwohnung auch den entscheidenden Satz mitgeschnitten hat: Soll ich den Braten anschneiden oder dir ein Käsebrot machen? – Freispruch.

Jedes Teilstück von Information, ob verbal oder nonverbal, verändert unser Urteil.

Der Kunde einer Weinhandlung ignoriert von irgendeinem Zeitpunkt an die günstigen Angebote. Er bestellt nicht mehr. Der Händler fragt sich, was an seinem Angebot nicht stimmt, dabei fehlt ihm nur die Information, daß der Kunde keinen Platz in seinem Weinkeller hat. Wüßte er es, könnte er ihm vielleicht mit einem Zwischenlager-Angebot aushelfen und ihn so wiedergewinnen. Was er herausfinden mußte, war die Motivation.

Beziehungsfelder und Vorstellungsrahmen

Ein und dieselbe Information, die wir erhalten, ein und dasselbe Signal, das uns erreicht, nehmen wir auf unterschiedliche Weise wahr, ordnen wir anders ein, je nach der Beziehung, in der wir zum Absender stehen. Also nicht allein das neue Informationselement, sondern das Beziehungsfeld, in dem es steht, verändert seinen Wert für uns. Jeder Satz, den jemand zu einem anderen sagt, ist geprägt von dem Verhältnis, in dem die beiden zueinander stehen. Wenn wir uns einmal selbst zuhören, bemerken wir, in wie unterschiedlichen Worten, unterschiedlichem Tonfall, unterschiedlicher Mimik und Gestik wir eine Nachricht weitergeben, die wir anderen Menschen mitteilen wollen. Je nach Beziehung (Ehefrau/Ehemann, Freund/Freundin, Vorgesetzter/Kollege, Kunde/Lieferant, Arzt/Patient, Partner etc.) verändern wir den Wert beziehungsweise die Wertung der Information. Umgekehrt hängt auch die Rezeption eines Satzes von solchen Beziehungsfeldern ab. Von einem Großkunden akzeptiert ein Verkäufer einen Satz, den er von einem Mitarbeiter nicht hinnehmen würde; und zwar nicht nur, weil er ihn beim Großkunden »herunterschluckt«, obwohl ihm der Mann gegen den Strich geht, sondern weil er ihn aus der Position, aus der Beziehung Verkäufer – Großkunde, selbstverständlich akzeptiert. Ich akzeptiere einen Satz, den meine Frau sagt, den ich von einer anderen Frau nicht akzeptieren würde.

Bei allem, was wir hören und sehen, spielt dieses Beziehungsfeld eine entscheidende Rolle. Die Information wird angereichert durch ihren Bezug zu einem Menschen, zu dessen sozialer Stellung, zu einem Ort, einem Schauplatz. In der

Geschichte mit dem gezückten Messer kam das deutlich zum Ausdruck. Das Messer bedeutete jeweils etwas ganz anderes in Bezug zu seiner Umgebung. Wir beurteilen es nach dem Ortswechsel von der Küche ins Schlafzimmer und zurück in die Küche jedesmal neu.

Ein anderes Beispiel: Da kommt einer mit zwei Koffern voll Geld zu seinem Bankier. Der öffnet ihm die Tür, steht da in kurzen Hosen, offenem Hemdkragen, Turnschuhen und sagt: »Schön, daß Sie da sind; hier sind Sie am richtigen Ort.« Wahrscheinlich würde der Kunde auf dem Absatz kehrtmachen und sein Geld anderswo hinbringen. Es stimmte etwas nicht. Ort und Kleidung paßten nicht in den Vorstellungsrahmen des Kunden, passen nicht in den Vorstellungsrahmen unserer Gesellschaft.

Wenn derselbe Bankkunde jedoch denselben Bankier auf dem Tennisplatz träfe: kurze Hosen, offenes Hemd, Turnschuhe, wie vorher, würde der Kunde nicht ohne weiteres ernsthaft und vertrauensvoll eine Stunde lang mit dem Bankmann über seine Aktien diskutieren? Es handelt sich um denselben Menschen mit derselben Kompetenz oder Inkompetenz, Ort und Kleidung jedoch passen nun in den Raster unserer Vorstellung.

Es kann kein Zweifel darüber bestehen, daß solche Rahmen und Raster eine einengende Wirkung auf unseren Geist, auf die Bandbreite unserer Vorstellungskraft haben. Ebensowenig aber läßt sich bestreiten, daß wir solche Raster zur Einordnung dessen brauchen, was wir hören und sehen. Keine Gruppe, keine Gesellschaft kann ohne solche Raster, die zugleich die Spielregeln festlegen, existieren.

Von den Konditionierungen des einzelnen durch die Gruppe war schon die Rede. Hier kommt es darauf an, daß möglichst viele denselben Raster benutzen. Jedes Mitglied der Gruppe soll auf bestimmte Reize in bestimmter Weise reagieren. In einer Industriegesellschaft, in der es darauf ankommt, daß sehr viele in einer Art Zahnradsystem miteinander arbeiten und auskommen, ist die Erziehung durch die Gruppe streng. In weniger industriell ausgerichteten Kulturkreisen wirkt die Gruppe weniger nivellierend.

Es ist warm, die Sonne scheint, das Obst reift, ob wir uns nun mehr bemühen oder weniger. Man richtet sich nach dem natürlichen Zyklus der Tages- und Jahreszeiten, läßt auch den Gefühlen größeren Spielraum, die in Industriegesellschaften zu verkümmern drohen, weil sie das Ineinandergreifen der Zahnräder stören.

Raster, Rahmenvorstellungen, Beziehungsfelder gibt es überall, es gilt, von ihnen zu wissen, sie zu erkennen, damit wir uns von ihnen nicht nur beherrschen lassen, sondern lernen, uns ihrer zu bedienen.

Analytische und ganzheitliche Wahrnehmung

Platon verurteilte Unmeßbarkeit, Unwägbarkeit und Unvernunft des Bildhaften; Galilei prägte der abendländischen Gesellschaft ein, alles müsse gemessen und gewogen werden, und was nicht meßbar und wägbar sei, solle meß- und wägbar gemacht werden. Alles aber, was nicht meß- und wägbar zu machen sei, existiere nicht.

Das ist der Ausgangspunkt für die noch heute tief verwurzelten Vorstellungen von der Welt und den Dingen. Solange wir messen und wiegen können, fühlen wir uns auf sicherem Grund, alles andere scheint uns verdächtig, wird uns von Jugend an verdächtig gemacht. Zwar kennen wir Hamlets »Es gibt mehr Dinge im Himmel und auf Erden, als eure Schulweisheit sich träumt«, aber wir wollen es nicht hören, halten uns für Realisten und sind auch noch stolz darauf.

Was lange bekannt und ebenso lange verdrängt oder doch in seiner Bedeutung herabgewürdigt oder unterschätzt wurde, ist die Tatsache, daß wir über zwei Informationsquellen verfügen, von denen jede jeweils von der anderen dominiert wird. Die eine, durchweg anerkannte, nenne ich die »ziffrierte« Information. Wir sagen 1, und dieses Element 1 steht immer für 1, gleichgültig, ob wir es dick, dünn, klein, groß, krumm oder gerade schreiben. An der Aussage ändert sich nichts, 1 ist immer 1, 2 ist immer 2, und zwei und zwei ist vier.

Dieses Maß, das wir gesetzt haben und nach dem wir alles zu beurteilen versuchen, ist eine künstliche Einheit, dazu erdacht, die Dinge meßbar zu machen, zu objektivieren.

Wissenschaft bedarf eines solchen Systems der Objektivierung. Schon die Aktivform »objektivieren« verrät, daß eine Manipulation nötig ist, um zu dem gewünschten Ergebnis zu kommen, und läßt uns ahnen, wie es um die Objektivität bestellt sein muß. Dennoch brauchen wir Systeme und Skalen, wie die schon erwähnten Raster der Weltsicht, um uns in der Welt zurechtzufinden.

Gleichgültig, wie die Maß-Skala, die wir aufstellen, aussieht, ihr Maß ist immer linear. Die gegebene Ordnung bestimmt, daß zwei nie vor eins kommt. Die Menschheit verfügt über sehr genaue Skalen, um die Dinge zu messen. Da unsere Skalen teilbar sind und die Einheiten dank der modernen Wissenschaft immer kleiner wurden, sind die Meßergebnisse genauer denn je, die Objektivität objektiver denn je.

Zu Beginn der abendländischen Philosophie jedoch, angefangen hat es mit Platon und Aristoteles, ist ein Malheur passiert, dessen Auswirkungen sich in Wellenbewegungen durch die Geschichte, manchmal in Schlag und Gegenschlag (Aufklärung – Romantik) erhalten haben und heute in einer verwissenschaft-

Die »ziffrierte« Information

lichten Welt erst recht sichtbar werden. Dabei geht es um die Teilung in analytische und intuitive Informationsströme und die Überbewertung des Rationalen gegenüber dem Emotionalen. Es gibt nun aber einmal Dinge, Strömungen, Informationen, die nicht meßbar sind auf den linearen Skalen, sich weder messen noch wiegen lassen mit den Mitteln, die der Verstand bereithält.

Das Gefühl bleibt unter diesen Voraussetzungen ausgeschlossen; die sogenannte exakte Wissenschaft setzt Meßbarkeit voraus, also muß das nichtlineare Gefühl, als störend empfunden, möglichst ausgeschlossen werden. Bis in die moderne Psychologie, die sich dem Emotionalen per Definition widmet, werden Denken und Fühlen vielfach als Gegensatzpaar begriffen und nicht als Ganzheit. Dem allgemeinen Denken aber wohnt nach wie vor eine Fixierung auf das Rationale und auf lineare Meßbarkeit inne. Wie oft hören (oder sagen) wir den Satz: Die Sache müssen wir einmal ganz emotionslos angehen! Damit geben wir uns erneut der Illusion hin, die Dinge ließen sich alle in die lineare Ordnung bringen, für die unsere Skalen taugen, bei denen die Drei nach der Zwei kommt und nicht umgekehrt.

Nehmen wir einzelne Ziffern aus ihrer linearen Ordnung, so verlieren sie ihre ursprüngliche Bedeutung und gewinnen eine andere, etwa als Ornament.

Gefühlsinformationen sind ganzheitlich

Zur zweiten Informationsart, die uns vermittelt wird, gehört alles, was unsere Empfindungen und Gefühle uns melden. Empfindungen und Gefühle haben die Eigenschaft, daß sie sich weder messen noch teilen lassen, um gemessen zu werden. Sie sind ganzheitliche Erscheinungen. Es gibt nicht ein bißchen Gefühl; auch wenn wir von gemischten Gefühlen sprechen, sind diese in sich doch nicht teilbar. Es gibt auch nicht ein bißchen Schmerz; man spürt nur Schmerz, zwar in größerer oder weniger heftiger Intensität, aber man spürt nicht dreißig Prozent Schmerz. Der Vergleich, der den augenblicklichen Schmerz mißt, ist keine Empfindung mehr. Und selbst bei der berühmten Haßliebe läßt sich nicht aufrechnen zwischen Haß und Liebe. Wie die kontroverse Wortverbindung es ausdrückt, handelt es sich um eine ganzheitliche Empfindung widersprüchlicher Gefühle, zwei Ganzheitsgefühle, die in Widerspruch zueinander stehen, die weder zu teilen noch zu messen sind.

Gerade an diesem scheinbar ausgefallenen Beispiel der Haßliebe kommt eine weitere Qualität von Informationen, die wir empfangen, allgemein und der Gefühlsinformation im besonderen zum Ausdruck; sie treffen nicht nacheinander, also linear, sondern in großer Zahl gleichzeitig ein. Die Unzulänglichkeit unserer linearen Systeme wird noch deutlicher, wenn wir uns dessen bewußt werden, daß Vergangenheit, Zukunft und Gegenwart für uns immer gleichzeitig existieren, da sie hier und jetzt in unseren Gedanken stattfinden. Sogar die Zeit kann »gleichzeitig« sein, wenn wir sie, wie Einstein sagte, nicht an Entfernungen binden. Dann nämlich ist Zeit eine Ganzheitserscheinung.

Lineares Denken ist eindimensional, Empfinden ist mehrdimensional, auch weil es unmittelbar mit Assoziationen verbunden ist. Gefühlsinformationen werden schneller umgesetzt als lineare Informationen, lösen schnellere Reaktionen aus und

eröffnen ein größeres Spektrum an Interpretation, und sie führen ihrerseits zu neuen Empfindungen, die wiederum reflektiert werden, ehe wir zum Sprechen kommen.

Halten wir vor allem fest, daß Gefühle unteilbar sind, daß sie stets für hundert Prozent stehen.

Nonverbale Kommunikation, also Körpersprache im weitesten Sinn, ist vor allem Ausdruck unserer Empfindungen. In ihr liegen so bedeutende und wirkungsmächtige Komponenten wie Ehrgeiz, Rechthaberei, Machtgier – alles Gefühle.

Es macht hellhörig zu erfahren, daß nonverbale Kommunikation zu achtzig Prozent, wenn nicht noch mehr, unsere Entscheidungen bestimmt. Nicht umsonst war die Beherrschung nonverbaler Kommunikation schon im Altertum als sogenannte somatische Rhetorik ein erwünschtes Ziel für den Rhetor. Die neueste Wissenschaft aber konnte den organischen Voraussetzungen für die Vermittlung der linear-logischen Information und der ganzheitlich-unmittelbaren auf die Spur kommen.

Meine rechte (Ratio-)Hand deutet auf konkrete, punktuelle Information. Die linke (Gefühls-)Hand beschreibt eine Ganzheit.

Die beiden Gehirnhemisphären

Seit langem ist bekannt, daß unsere beiden Großhirnhälften eine ihnen jeweils zugeteilte Körperhälfte regieren: Die rechte Gehirnhälfte ist für den linken Körperteil, die linke Gehirnhälfte für den rechten zuständig. Das wäre für die Beurteilung von Körpersprache weniger relevant, wenn nicht in der linken Gehirnhälfte dominierend das rationale Denken vorherrschte, in der rechten aber die Empfindung. Das heißt, zur linken Hemisphäre gehören lineares Denken, die Registrierfähigkeit für Details, Logik, Sprache, Mathematik, zur rechten dagegen Gefühle, Spontaneität sowie Kreativität. Alles dies hat einen Einfluß auf die den Gehirnhälften jeweils zugeteilten Körperseiten.

Vorsorglich sei hinzugefügt, daß diese Regel für Rechtshänder gilt, beim typischen Linkshänder verhält es sich genau umgekehrt. Im Fall des Rechtshänders ist es also die rechte Hemisphäre, bei der die Fähigkeit zur ganzheitlichen Aufnahme von Dingen und Zusammenhängen ausgebildet ist. Kann die linke Hemisphäre ein Ganzes aus vielen Details der Logik folgend richtig zusammensetzen, so schließt die rechte Hemisphäre unmittelbar vom einzelnen auf das Ganze.

Der Vergleich zu einer sehr modernen Kunst, dem Laserbild (Holographie) liegt nahe, das eine dreidimensionale Information ermöglicht. Hier läßt sich das gesamte Bild aus einem Teilstück unmittelbar wiedererkennen.

Wenn wir davon gesprochen haben, daß die eine (analytische) Fähigkeit in der linken, die andere (ganzheitliche) in der rechten Gehirnhälfte dominiert, also nicht in der einen oder anderen ihren ausschließlichen Sitz hat, so deshalb, weil die eine Hemisphäre in der Lage ist, die Funktionen der anderen mehr oder weniger zu übernehmen. Es gibt so etwas wie ein komplementäres Verhalten zwischen beiden, wobei es darauf anzukommen scheint, welche der beiden Hemisphären dank ihrer Programmierung besser und/oder schneller auf ein Signal, eine Information, eine Situation zu reagieren imstande ist.

Paul Watzlawik stellt in seinem Buch *Die Möglichkeit des Andersseins. Zur Technik der therapeutischen Kommunikation* fest: »Wenn es zutrifft, daß bei normaler Information die Hemisphäre zum Zug kommt, die dank ihrer Spezialisierung für die Bewältigung einer bestimmten Situation kompetenter ist, so bedeutet dies auch, daß wir die kaleidoskopische Vielfalt der Welt auf zwei völlig verschiedene Weisen erleben und daß diese zwei Erlebnisformen nicht nur nicht auswechselbar sind, sondern daß nicht einmal von der einen in die andere Modalität übersetzt werden kann.« Das Erlebnis eines Sinfoniekonzerts ist kaum in Worten ausdrückbar, während der Satz »Demokratie erfordert Teilnahme« nur schwer in Bildern übermittelt werden kann.

Hier wird noch einmal nachdrücklich deutlich gemacht, wie wenig von einem objektiven Erfassen der Wirklichkeit die Rede sein kann. Dennoch gibt uns in der Beurteilung menschlichen Verhaltens ganz allgemein und im Erkennen körpersprachlicher Aussagen im besonderen die Kenntnis über die unterschiedlichen Dominanzen der Gehirnhemisphären wichtige Hinweise.

Wie ausgeprägt diese Dominanzen sind, hat die chirurgische Behandlung von Hirnverletzten im Zweiten Weltkrieg gezeigt. Man stellte fest, daß Verwundete, die nur noch über die linke Gehirnhälfte verfügten und denen man etwas in die

Ein Teil...
...gehört zu einem Ganzen.

Hand gab, zwar genau bestimmen konnten, welches Detail eines Gegenstandes sie hielten, nicht aber in der Lage waren, auf das Ganze zu schließen. Umgekehrt konnten sich Verwundete mit einer nur noch intakten rechten Gehirnhälfte zwar sofort über den Gegenstand als Ganzes äußern, nicht aber sagen, welches Detail desselben sie in der Hand hatten. Die moderne Hirnchirurgie setzt das Verfahren der Trennung der beiden Gehirnhälften, wie Watzlawik mitteilt, bei der Gefahr des Übergreifens epileptischer Störungen von der einen auf die andere Gehirnhälfte ein, und zwar in Fällen, bei denen herkömmliche Behandlungsformen versagen. Damit gewinnt die Hirnforschung tiefen Einblick in Struktur und Wirksamkeit der beiden Hemisphären. Die Großhirnhälften werden an dem sogenannten Balken (Corpus callosum), ihrem Verbindungsglied, durchtrennt. Dadurch wird es möglich, die Funktionen beider Hemisphären unabhängig voneinander zu überprüfen. So werden die logisch-analytische Funktion der linken Hemisphäre und die ganzheitlich erfassende der rechten, die auf dem Pars-pro-toto-Prinzip aufbaut, mehr und mehr erkundet.

Watzlawik resümiert in seiner schon erwähnten Publikation: »Die Übersetzung der wahrgenommenen Wirklichkeit in eine Gestalt, dieses Zusammentreffen des Erlebens der Welt in ein Bild, ist zweifellos die Funktion der rechten Hemisphäre. Der linken dürfte die Rolle der Rationalisierung des Bildes zufallen, die Trennung des Ganzen (des Pleromas der griechischen Philosophie) in Subjekt und Objekt, die ›Objektivierung‹ der Wirklichkeit sowie das Ziehen der nun scheinbar unausweichlichen Konsequenzen, die dann in selbsterfüllender, selbstbestätigender Weise das Bild in praktisch unendlichem Regreß so starr festigen, daß, was immer dem Bild widersprechen mag, nicht mehr zu einer Korrektur, sondern zu seiner weiteren Austüftelung führt.«

Die Relativierung von Wirklichkeit läßt sich wieder an der Frage nach Gerechtigkeit nachvollziehen. Wer zu neunzig Prozent Recht bekommen hat, wird wegen der fehlenden zehn Prozent meinen, ihm sei Unrecht geschehen. Zehn wird zu hundert. Der emotionale Ärger überdeckt die lineare Erfahrung.

Was wir verlernt haben

Kinder bis zum Alter von zweieinhalb Jahren sind, bevor sie die Sprache erlernen und damit die logisch-semantische Aufgliederung und Erfassung der Wirklichkeit, ganz von der rechten Gehirnhemisphäre bestimmt. Sie nehmen stets Ganzheiten wahr, sprechen – denn natürlich sprechen sie bereits, ohne daß ihnen das sprachlich-analytische System schon beigebracht wäre – ausschließlich aus einem Ganzheitsverständnis. Man zeigt ihnen einen Schweif, und sie sagen Pferd. Ein erwachsener Wissenschaftler kann womöglich sein ganzes Leben über der Erforschung eines Schweifes verbringen, ohne herauszufinden, daß der zu einem Pferd gehört.

An meinem ältesten Sohn habe ich etwas über dieses Ganzheitsdenken von Kindern erfahren. Er zeigte mir ein kurzes Stück einer Salzstange und sagte: Pferd. Ich konnte mir beim besten Willen nicht vorstellen, wie er von dem Salzstangengebäck auf Pferd kam; ich fürchtete schon, es sei etwas nicht ganz in Ordnung mit ihm, bis mir einfiel, daß wir vor kurzem bei seinen Großeltern gewesen waren und dort ein Spielzeugpferd gesehen hatten, dem ein Bein fehlte, ein Pferd von ungefähr derselben hellen bräunlichen Farbe einer Salzstange. Das Stück Salzstange stellte also das gebrochene Pferdebein dar, von dem als Pars pro toto mein Sohn unmittelbar auf die Ganzheit, das Pferd, geschlossen hatte.

Unsere Kinder verlieren, genau wie es uns ergangen ist, sehr schnell die Fähigkeit des assoziativen, ganzheitlichen Erfassens der Wirklichkeit, oder wenigstens zu großen Teilen. Das wird durch eine Erziehung gefördert, die lineares Denken belohnt und den ganzheitlichen Ausdruck mißachtet.

Auf dem Familienspaziergang im Grünen kommt eines der Kinder zu den Eltern gerannt und ruft: Mutti, ich habe eine Kuh gesehen! Die Mutter ist erfreut. Das Kind hat etwas gesehen und konnte es sachlich benennen. Sie macht den Vater darauf aufmerksam: Hast du gehört, Hans? – Hans ist zufrieden. Sein Kind hat unterscheiden gelernt. Was es sah, war keine Ziege, kein Esel, kein Schaf, sondern eine Kuh. Bravo!

Das zweite Kind kommt gelaufen, ruft: Mutti, Mutti, Mutti! Es hopst begeistert herum und tut sein Erlebnis in unartikulierten vergnüglichen Lauten kund. Die Mutter sagt: Ich verstehe kein Wort. Der Vater hält das Kind an den Armen fest:

Die Hand soll den gedanklichen Prozeß stimulieren.

Was hast du zu sagen? – Die Begeisterung des Kindes hört abrupt auf. Was es zu sagen hat? Nichts.

Ich habe das Thema schon in meinem ersten Buch über Körpersprache angeschnitten. Heute geht es mir darum, auf das System aufmerksam zu machen, das hinter den Reaktionen des Kindes wie des Erwachsenen steht.

Kommt das Kind, wie vorhin beschrieben, emotional bewegt auf die Mutter zu, und diese nimmt seine Gefühlsäußerung positiv auf, findet das Kind zufrieden zurück zu seinem Spiel. Seine Aussage: schau, wie aufgeregt ich bin durch mein Erlebnis, ist angenommen und akzeptiert worden. Die Frage nach dem, was es aufgeregt hat oder warum es aufgeregt ist, wäre gar nicht relevant; denn sie gehörte nicht zum Aussagebegehren des Kindes. Eine solche Frage zwänge das Kind zu einer Aussage, die es gar nicht machen wollte, und damit wäre seine Empfindung übergangen.

Die Eltern nämlich reagieren konventionell, für sie hat ganz selbstverständlich das lineare Denken, die Teilung, die Meß- und Wägbarkeit Priorität. Dieses

Das mechanistische Weltbild

Verhalten geht auf ihre eigene Erziehung zurück, die ihrerseits in einer Art mechanistischem Weltbild – in diesem besonderen Zusammenhang könnten wir auch sagen: in einem vorwiegend links-hemisphärischen Weltbild – ihre Wurzeln hat. Die Welt ist eine Maschine, und wenn wir im Teilen ihrer Teile lange genug fortfahren, werden wir endgültig wissen, wie sie funktioniert, »was die Welt im Innersten zusammenhält«. Die Bevorzugung der linearen Welterkenntnis, die beim typischen Rechtshänder in der linken Gehirnhemisphäre dominiert und ihren Ausdruck in der rechten Körperhälfte findet, spiegelt sich in den elementarsten und höchst wirksam prägenden Verhaltensregeln wider. Kinder werden aufgefordert, bei der Begrüßung »das schöne Händchen«, nämlich die rechte Hand, zu geben; die rechte Hand, die »Verstandeshand«, wie sie mit einem unzureichenden, aber einleuchtenden Ausdruck bezeichnet wird, ist die »schöne« Hand; der linken, als »Gefühlshand« apostrophiert, haftet ein Makel an. Erst in allerneuester Zeit werden Linkshänder nicht mehr gezwungen, rechtshändig schreiben zu lernen. Vielleicht spielt hierbei die Erkenntnis eine Rolle, daß Sitz des analytischen Informationszentrums die rechte Gehirnhemisphäre ist und Linkshändigschreiben als normal gelten kann.

Mit der Bevorzugung des Teilungsgedankens vor dem Ganzheitsgedanken hängt auch die bis zum Aberglauben gesteigerte Wissenschaftsgläubigkeit in unseren Breiten zusammen. Die Naturwissenschaften haben mehr und mehr frühere »Königs«wissenschaften (Philosophie, Theologie) abgelöst. In den letzten fünfzig Jahren ist die Physik in der Anerkennung durch die Menschen an die erste Stelle gerückt, weil sie in Grenzbereiche vordringt, sozusagen an die Schranke des Metaphysischen stößt. Allerdings sollte hier, wie Fritjof Capra in einer öffentlichen Gesprächsrunde im Mai 1988 sagte, säuberlich unterschieden und nichts vermischt werden. Die Physik bedürfe der Metaphysik nicht und die Metaphysik nicht der Physik, der Mensch aber brauche beides. Bemerkenswert, daß Capra bejahte, daß die Akzeptanz seiner Thesen beim Publikum nicht so leicht zu erringen gewesen sei, wäre er nicht als Physiker ausgewiesen; das will sagen, daß es zum Beispiel ein Geisteswissenschaftler schwerer gehabt hätte. Ich will nicht weiter in metaphysische oder gar esoterische Probleme eindringen, wichtig für das Verständnis von Körpersprache, für das System Körpersprache aber ist die ganzheitliche Informationsauffassung, wie sie die rechte Gehirnhemisphäre ermöglicht. Körpersprache nämlich ist Ausdruck, leistet die Transmission, die Übertragung dieser ganzheitlich erfaßten Informationen, und das sind die Informationen unseres Gefühls, unseres Empfindens. Auf sie reagieren wir mit der Sprache unseres Körpers.

Sind Gefühle Nebensache?

Es ist leicht, nach dem vorher Gesagten, diese Frage zu verneinen. Aber haben wir nicht alle den Satz im Ohr: Gefühle kann ich mir nicht leisten? Was hatte sich denn abgespielt auf dem Familienspaziergang jener Eltern und ihrer beiden Kinder? Statt auf die Gefühlsäußerung »Mutti, Mutti, Mutti« des zweiten Kindes einzugehen, seine offensichtliche Freude zu teilen und zu bestätigen, wurde ihm suggeriert: Nicht dein Gefühl ist wichtig, die Kuh ist wichtig. Das Kind reagiert zunächst gefühlsmäßig, es verstummt und stößt mit dem Fuß einen Stein weg, was sich so interpretieren läßt, daß es den Vater zum Stein degradiert und ihn weggestoßen hat. Es reagiert also mit Liebesentzug, ein Verhalten, das uns noch grundsätzlich beschäftigen wird. Es hat aber auch eine Erfahrung gemacht, die es zu einer Verhaltensänderung veranlassen wird, da es auf die Anerkennung durch die Eltern, also seine Leitgruppe, angewiesen ist. Beim nächstenmal wird das Kind nicht mehr spontan seine Gefühle mitteilen, sondern darauf spekulieren, was man von ihm hören will. So verlernen wir, Gefühle mitzuteilen, weil sie offenbar nicht nur nebensächlich und unwichtig, sondern sogar störend sind.

Die erste Unsicherheit, die dem Menschen eingepflanzt wird, ist die Blockierung des Unmittelbaren, des Spontanen. Mit der Gefühlsäußerung wollte das Kind ausdrücken: Es hat mich etwas fasziniert, ich bin aufgeregt, ich bin. Es machte eine existentielle Aussage, die von den Eltern nicht akzeptiert, nicht aufgefangen wurde. Gefühle sind der existentielle Ausdruck unseres Seins. Wenn wir dahin kommen, Gefühl nicht als Nebensache, sondern als wesentlich im eigentlichen Sinn des Wortes anzusehen, dann lernen wir zu begreifen, daß es wichtig ist für uns alle, Gefühle äußern zu dürfen und zu können. Und da versagen die Worte beziehungsweise sie sind nicht gar so viel wert. Wie oft habe ich es erlebt, daß nach meinen Vorstellungen Menschen zu mir gekommen sind mit strahlendem Blick und ausgestreckten Händen und mir versicherten, sie könnten leider gar nicht sagen, was ihnen der Abend gegeben habe. Meine Antwort war immer: Sie haben alles gesagt! Mehr ließe sich in Worten auch nicht ausdrücken.

Wenn wir begreifen, daß Gefühle gültige Aussagen des Menschen sind, wäre es ebenso dumm wie unrealistisch zu glauben, zu erwarten oder sogar zu verlangen, daß im Berufsleben zum Beispiel ein Mitarbeiter oder Kunde seine Gefühle im Vorzimmer abgeben und als »sachliche« Person erscheinen könne. Die Vorstellung ist absurd und sitzt doch fest in den Gehirnen. Was geschieht, wenn wir nach den gesetzten und jedem von uns früh eingetrichterten Spielregeln versuchen, unsere Gefühle nicht zu zeigen? Wir scheitern regelmäßig daran . . . Gefühle sind einfach da und lassen sich nicht ignorieren. Wer seine Gefühle zu unterdrücken versucht, tut dasselbe wie einer, der einen riesigen Wasserball unter Wasser halten will. Stellen wir uns die Szene einmal real vor: Der Ball wird immer wieder aufsteigen, während wir damit beschäftigt sind, ihn unten zu halten. Und nun versuche einer mal, während dieser Turnübung vernünftig mit einem anderen zu sprechen.

Das ist kein Plädoyer für Unbeherrschtheit, sondern ein Hinweis auf die Allgegenwärtigkeit des Gefühls bei uns allen. Gefühle sind das absolute, subjektive Ereignis, das wir erleben, und das unmittelbare Ich. Sie zu degradieren oder ignorieren, heißt das Ich ignorieren. Gedanken lassen sich von außen adaptieren, Gefühle nicht.

Zwei Freunde sitzen nebeneinander. Der eine von ihnen ist traurig. Sie reden kein Wort. Nach einer Stunde steht der eine auf und sagt: »Ich danke dir.« »Wieso dankst du mir?« fragt der andere. »Ich habe gar nichts gemacht?« Er hatte aber etwas sehr Ungewöhnliches getan, er hatte Gefühl als Aussage gelten lassen.

Gefühl verlangt Anerkennung

Wer traurig ist, braucht nicht unbedingt ein Wort des Trostes, eine Bewegung tut es auch und wirkt oft besser.

Emotionen ernst zu nehmen ist der erste Schritt zur Lösung von Spannungen. Denn zumeist sind es ja nicht die schönen Gefühle, die uns zu Fragen drängen, obwohl es ein sicherer Freudenkiller ist, zu fragen: Warum lacht ihr eigentlich? Schon fühlen wir uns ertappt; wir hätten wohl nicht lachen sollen.

Wer Emotionen mildern, auflösen will, um »zur Sache« zu kommen, muß sie zunächst einmal akzeptieren, muß sich klarzumachen versuchen, daß die Emotion der Rechtfertigung nicht bedarf. Gefühle sind nicht gerecht oder ungerecht, sie entziehen sich den Kategorien von Recht und Logik.

Gefühle zu akzeptieren, muß dabei nicht heißen, die mit ihnen vorgebrachten Argumente zu akzeptieren. Wer das Verständnis für die Emotion heuchelt, legt sich über kurz oder lang selbst herein, weil er nun auf dem Wasserball der eigenen gegenteiligen Gefühle sitzt und sie unten zu halten sucht. Akzeptiert er die Gefühlsaussage ernsthaft als das, was sie ist, nämlich als selbständigen (ganzheitlichen) Ausdruck, ist damit die notwendige Trennung zwischen Gefühl und Argumentation vollzogen. Kommt die Emotion daraufhin zum Erliegen, stellt sich von selbst die Frage: Was machen wir jetzt? Im Idealfall kommt sie vom emotional bewegten Partner; das bedeutet grünes Licht für das Rationale.

Leider sind wir durch Erziehung und Konvention darauf programmiert, dieses grüne Licht nicht abzuwarten. Wir lassen den Gefühlen weder Raum noch Zeit, versuchen, sie auf der Stelle zu eliminieren, und fragen: Wie kann ich dir helfen? Dahinter steht schon ein drängendes: Nun mach schon, oder: Heul nicht gleich, es wird schon nicht so schlimm sein! Dem anderen aber muß zwangsläufig die Überlegung durch den Kopf gehen: Entweder ich sage ihm/ihr jetzt linear, wie er/sie mir helfen kann, oder er/sie wird mir linear beweisen, daß ich keinen Grund habe, traurig oder verärgert zu sein. Und dabei will jeder zuallererst, daß seine Gefühle oder sein Ärger wahrgenommen werden. Dafür gibt es keine Alternative.

Kinder werden schon im Säuglingsalter durch Geräusch (Klapper) abgelenkt, statt sie ihren Ärger erleben zu lassen.

Wenn ein Kind hingefallen ist und der Erwachsene sagt: Ach, das tut doch nicht weh!, muß das Kind daraus schließen, daß entweder der Erwachsene lügt oder die eigene Empfindung nicht stimmt. Besser ist es zu sagen: Ja, es tut weh, aber du bist tapfer.

Was für Kinder gilt, hat auch für Erwachsene Gültigkeit. In der Arbeitswelt raubt das ewige »halb so schlimm!« sämtliche Maßstäbe. Auf der anderen Seite scheuen viele Vorgesetzte davor zurück, einen Mitarbeiter zu loben, weil sie fürchten, der käme daraufhin gleich mit der Forderung nach einer Gehaltserhöhung. Aber das ist nicht so, der Mitarbeiter will zuallererst in seinem Gefühl ernst genommen werden, er verlangt nach Anerkennung. Über Geld läßt sich immer noch sachlich und im Zusammenhang einer Kosten-Nutzen-Rechnung reden.

Ärger

Wir alle ärgern uns gelegentlich über einen Menschen, eine Situation, einen Vorgang und natürlich über uns selbst. Ärger ist wie Trauer, wie Freude eine Empfindung und daher logischen Gesetzen entzogen. Wer sich ärgert, ist deshalb Argumenten unzugänglich. Das Gefühl des Ärgers muß also zunächst einmal ernst genommen werden. Es ist nicht anders als bei anderen Gefühlen: Es gibt keinen grundlosen Ärger, weil der Ärger seinen Grund in sich trägt. Anders gesagt, er bedarf keiner Begründung. Oft genug gibt es einen Grund oder jedenfalls einen Anlaß, und bei wiederkehrendem Ärger aus demselben Anlaß läßt er sich nur durch Veränderung der Voraussetzungen bekämpfen. Während der Emotionsphase aber läßt sich eine Lösung gar nicht ansprechen, denn jede Lösung ist zu klein für unseren Zorn, zumal wir fast immer ein Gespür dafür haben, daß wir in unserem Ärger übertreiben. Um so schlimmer, wenn uns ein anderer dieses Gespür bestätigt und wohlmeinend sagt: Ärgere dich nicht, es ist ja halb so schlimm. Halb so schlimm? Wenn ich mich ärgere, ist gar nichts halb so schlimm! Wozu ärgere ich mich sonst. Ob großer Ärger oder kleiner Ärger, auch er mißt immer hundert Prozent.

Ein typisches Beispiel ist die Reklamation. Ein Kunde bringt dem Händler den gerade erworbenen Fernsehempfänger zurück. Er ist verärgert und bringt seinen Zorn zum Ausdruck: »Da kaufe ich dieses teure Gerät, und es funktioniert nicht! Heute abend kommen Leute zu uns, die ich eingeladen habe, um bei uns das Länderspiel anzusehen – wie stehe ich da? Was werden hier überhaupt für Geräte verkauft?«

Gegen die Aggressivität des Kunden schützt sich der Händler nun unwillkürlich, indem er in Verteidigungsstellung geht; er baut einen Muskelpanzer auf, wie wir ihn aus der Beschreibung anderer Situationen bereits kennen, und entsprechend

Beide Hände zeigen geballte Aggressivität.

»Ich weiß es besser!«

fällt die Antwort aus: »Unsere Geräte sind alle sorgfältig geprüft!« Die Reaktion des Kunden, dessen Ärger durch diese Antwort noch steigt, eben weil sein Zorn nicht akzeptiert worden ist: »Von wegen geprüft. Ich sage Ihnen doch, daß er nicht funktioniert.« Der Händler, durchaus sachlich, jedoch ohne auf die Emotionen des Kunden einzugehen: »Haben Sie auch diesen grünen Knopf beachtet?« Der Kunde kontert: »Was? Blind bin ich wohl auch noch?!« Der Wutausbruch eskaliert, denn der Partner ist in die Argumentationsphase eingetreten, bevor die Emotionsphase abgeklungen war, und sie konnte nicht abklingen, bevor die Emotion akzeptiert worden wäre. Der Händler in unserem Beispiel hat die Emotion seines Kunden einfach ignoriert. Es ging dem Käufer zunächst keineswegs um die Frage, *warum* das Gerät nicht funktionierte, sondern darum, *daß* es nicht funktionierte.

»Du bist schuld!«

Wäre der Händler auf den Ärger des Kunden eingegangen, hätte er ihn als Emotion akzeptiert, zum Ausdruck gebracht, daß es wirklich ärgerlich sei, wenn so ein nagelneues Gerät nicht funktioniere, hätte er die Eskalation des Ärgers verhindern und zur Sachlage übergehen können: »Lassen Sie mich bitte noch einmal nachsehen. Ach hier, der berühmte grüne Knopf, auf den hätten Sie drücken müssen.« Jetzt kann der Kunde den Knopf akzeptieren.

Emotionen eskalieren nicht, wenn sie akzeptiert werden. Wir tragen oft jahrelang unbeantwortete Emotionen mit uns herum, ein Mausoleum nicht akzeptierter Emotionen. Eine nicht anerkannte Emotion ist wie ein prolongierter Wechsel. Irgendwann muß er eingelöst werden. Der emotionale Druck läßt sich lösen. Ein Vorgesetzter, der bei seinem Mitarbeiter den körpersprachlichen Ausdruck nicht akzeptierter Gefühle wahrnimmt, geht darauf ein – vorausgesetzt, er kann die Signale deuten.

Auf eine Rechtfertigung »Was kann ich dafür?« reagiert der Partner mit Aggressivität.

Emotion verlangt Anerkennung. Mitgefühl entwaffnet. Der erste Schritt zum Dialog ist getan.

Wie wir mit unseren eigenen Emotionen umgehen sollten, ist nicht Thema dieses Buches, sondern eher der Umgang mit den Emotionen anderer, die sich zu einem großen Teil in Körpersprache äußern.

Was die eigenen Gefühle angeht, weiß jeder von uns, wie befreiend es wirkt, sie herauszulassen, und zugleich, daß es keineswegs ratsam ist, sich an jedem Ort und zu jeder Zeit diese Befreiung zu gestatten, gleichgültig, ob Chef oder Mitarbeiter, Kunde oder Verkäufer. Schluckt einer dagegen alles herunter, was ihm widersteht, wird sich sehr bald sein beschädigtes Selbstwertgefühl bemerkbar machen, und der Respekt seiner Partner wird sinken. Vor einfachen Rezepten in der einen wie der anderen Richtung sei gewarnt.

Grundsätzlich jedoch ist es ganz unnötig, vor den Emotionen anderer Angst zu haben, in sich selbst ein Gefühl der Hilflosigkeit aufkommen zu lassen. Ohne Furcht vor Emotionen zu sein, sollte aber nicht aus der Geringschätzung der Gefühle anderer entstehen. Wer die Gefühle anderer mißachtet, fordert sie unbeabsichtigt heraus und läßt sie möglicherweise zu bedrohlicher Stärke anwachsen.

Starke Emotionen verlangen mehr, als nur wahrgenommen zu werden, obwohl dies die erste und wichtigste Stufe der Verständigung ist: Sie wollen akzeptiert sein. Wer unsere Emotionen annimmt, nimmt uns als Mensch an. Anders gesagt: Wer unsere Emotionen akzeptiert, gibt zu erkennen, daß er uns unseres logisch nicht zu begründenden Gefühlsausdrucks halber nicht für einen Idioten hält. Ich habe es schon gesagt: Es gibt keine unberechtigte Emotion. Emotion ist subjektiv. Ich erlebe eine Situation subjektiv, und meine Emotion begründet sich unabhängig von der objektiven Sicht der Argumente.

Merkwürdigerweise fällt es den meisten Menschen schwer, die Emotionen anderer zu akzeptieren: »Ich verstehe deine Gefühle, aber . . .« Ein typischer Satz. Der, der ihn sagt, versteht die Gefühle des anderen eben nicht, weil er sie nicht als Gefühle begreift. Akzeptierte er sie, fehlte das »aber« in seinem Satz. Wir haben im allgemeinen nicht die Geduld zu warten, bis der andere bereit ist, sich erneut der Diskussion zu stellen. Das Zeichen dafür muß von ihm selbst kommen. Ein Kind, das sich weh getan hat, wird im allgemeinen zufrieden sein, wenn wir es in die Arme nehmen und trösten. Wir brauchen nicht einmal zu fragen, wo es sich verletzt hat, und schon gar nicht, woran.

Im Berufsleben stoßen wir uns häufig genug. Vielleicht kann das Beispiel des Kindes, das sich weh getan hat, verdeutlichen, daß es in der ersten Phase der Emotion wenig nützt, nach Ursache und Verursacher zu fragen.

Der Empörte: »Erst kommen die Unterlagen wie immer zu spät, und dann sind es auch noch die falschen. Ich aber soll meine Quartalsleistung bringen. Daran denkt keiner.«

Der Angesprochene versucht, die Verärgerung des anderen zu akzeptieren: »Das ist wirklich schlimm. An Ihrer Stelle wäre ich genauso verärgert wie Sie, ich verstehe das.«

Die Wirkung bleibt aber aus, denn nicht erkannt wurde der verschleierte Wunsch nach Anerkennung dafür, daß der Empörte trotz so großer Schwierigkeiten seine Quartalsleistung bisher immer erbracht hatte.

Keine Angst vor Emotionen

Der Empörte: »Gar nichts verstehen Sie! Es sind ja immer wieder die gleichen Fehler. Die da oben lernen nie etwas dazu.«

Der Angesprochene versucht es wieder mit Verständnis: »Ich bin wirklich selber ganz empört, aber es ist nun einmal wie es ist.«

Der zweite Halbsatz »es ist nun einmal wie es ist« verrät bereits seine Ungeduld. Er will dem Gefühl des anderen nicht länger Raum lassen und suggeriert damit dem Empörten: Reg dich nicht auf, du müßtest doch wissen, daß es nicht zu ändern ist. Damit aber ist die vorausgegangene Bemühung um Verständnis wirkungslos geworden. Der Angesprochene hat die Gefühle wieder einmal nicht ernst genommen. Sachlich ist der Empörte genauso klug wie der andere, mit dessen Pragmatismus kann er im Augenblick seiner Emotion aber überhaupt nichts anfangen. Er ist verärgert, er versucht diesen Ärger mitzuteilen, und er wird ihn durch Mitteilung los und keineswegs, indem er gute Ratschläge empfängt.

Territorialverhalten Ärger, beruflicher Ärger insbesondere, entsteht häufig aus Territoriumsverletzungen. In meinem ersten Buch über Körpersprache bin ich vorwiegend auf Territorium als konkreter Raum – im Haus, im Zimmer – eingegangen. Territorium bezeichnet jedoch selbstverständlich auch etwas Abstraktes. Damit stoßen wir wieder auf den Dialog zwischen Abstraktion und Materie. In der deutschen Sprache gibt es den Ausdruck Wissensgebiet, und auch das ist ein Territorium. Wir begeben uns damit auf das heikle Gebiet der Kompetenzen (die nicht immer mit dem inhaltlichen Begriff von Kompetenz übereinstimmen).

Graphik ist ein Wissensgebiet, Elektrik ist ein anderes, Medizin ein weiteres, und alle drei können, vielfach spezialisiert, in neue Wissensgebiete aufgeteilt werden. Graphiker, Elektriker, Arzt halten diese Wissensgebiete besetzt wie Eingeborene ihre Territorien. Die Ursache der Emotion, meist des Ärgers, geht aus diesem Territorialdenken hervor. Wer hat bei einer gemeinsam zu lösenden Aufgabe das Recht zu entscheiden? Es sind die territorialen Übergriffe, die uns ärgern, nicht ein falscher oder unzureichender Vorschlag. Es trifft immer unser Selbstbewußtsein, wenn ein anderer in unser Wissensgebiet hinein»pfuscht«. Wir reagieren auf diese abstrakte Verletzung der Grenzen, als ob uns einer physisch bedrängt hätte: Unser Körper reagiert. Überall lassen sich diese Art Probleme feststellen, meist jedoch wird übersehen, daß es sich um territoriale Streitigkeiten handelt. Der Fall wird kompliziert, wenn die Grenzen nicht klar gezogen sind und Unsicherheit darüber besteht, wie weit unser Territorium noch reicht und das des anderen beginnt. An solchen Überlappungsstellen bilden sich Krisenherde. Die Emotion entsteht nicht unmittelbar aus der Situation, sondern sie ist Resultat der permanenten Grenzstreitigkeiten.

Typisches Territorialverhalten bestimmt größtenteils das Verhältnis zwischen Chef und Sekretärin. Ein Chef, der das Wissensgebiet seiner Sekretärin respektiert, wird sich leicht tun. Er vergißt nicht, daß es eine Frau ist, mit der er zusammenarbeitet, bleibt sich aber bewußt, daß sie einen Beruf hat, daß sie etwas gelernt hat und damit etwas kann, in das er sich nicht einzumischen hat. Indem er ihr sagt, was er jemandem schreiben will, auch durch Diktat, hat er seinen Teil

Zum Thema Territorial- und Kompetenzverhalten: Er glaubt Wort für Wort diktieren zu müssen. Ihr ausweichender Blick sagt: Das gefällt mir nicht.

Und dann ist's passiert. Sie wirft ihr Schreibgerät hin, und das will sagen: Wenn du alles so genau weißt, schreib es dir selbst. Als unmittelbare Reaktion schießt der Zeigefinger des Chefs hervor. Die geweckte Aggression verwandelt sich in eine Drohgebärde.

getan. Wie sie die Briefe abfaßt, bleibt ihre Sache. Hat die Sekretärin die Aufgabe, den Terminkalender abzustimmen, wird er ihr Informationen über Prioritäten geben, aber ihr Job ist es, die Termine zu vereinbaren. So werden Territorien respektiert.

Territoriale Kämpfe werden zum Beispiel zwischen verwandten Berufsständen ausgetragen, etwa zwischen Arzt und Apotheker oder Krankenschwester und Arzt. Jeder dieser Berufe entspricht einem Wissensgebiet mit sich überschneidenden Kompetenzen. Respektiert einer das Territorium des anderen nicht, sind Auseinandersetzungen und Ärger die Folge.

In Hierarchien, und unsere Betriebe repräsentieren meist ausgeprägt hierarchische Strukturen, ein festes Regelsystem von oben und unten, wird der Mangel an Respektierung von Wissensgebieten – von Territorien also – offensichtlich. Unausgesprochen wird dem Untergeordneten das Recht auf ein eigenes Territorium aberkannt. Hier entsteht der Nährboden für die Frustration, die aus dem Entzug oder der Verletzung des Territorialrechts resultiert. Verständnis, das wir der Emotion entgegenbringen, löst also nicht das sie auslösende Problem, aber der Weg wird wieder frei für ein Erkennen der Ursachen. Faßt einer mit der Hand in heißes Wasser, so haben wir zuerst seinen Schmerz wahrzunehmen und nicht dem Problem nachzugehen, warum er die Hand in heißes Wasser gesteckt hat. Der eigentliche Verursacher seines Schmerzes ist natürlich die Hitzequelle, die das Wasser erwärmt hat. Dort müssen wir mit dem rationalen Fragen beginnen, was aber mit der Emotion unseres unvorsichtigen Partners nicht das geringste zu tun hat.

Eine Herstellerfirma schreibt den Händlern vor, bestimmte Artikel in festgelegter, von der Marketingabteilung als verkaufswirksam empfundener Weise auszustellen. Wie wird die Reaktion des Kunden sein? Wahrscheinlich unwirsch, denn seine Kompetenz vor Ort wurde übergangen. Auf einen Vorschlag, der die Frage an ihn beinhaltet, was er aus seiner Erfahrung dazu meine, würde er in den meisten Fällen eingehen, auf eine ohne ihn getroffene Entscheidung kaum oder nur widerwillig.

Die Territorialängste im Berufsleben sind Legion. Überall sitzen Menschen, deren Abwehrverhalten aus ihrem Territorial- beziehungsweise Kompetenzdenken herrührt. Es ist ratsam, ihnen ihre Kompetenz ausdrücklich zu bestätigen. Wir wissen doch sehr gut, wie wichtig Erklärungen über die Unverletzlichkeit von Grenzen zwischen Völkern und Staaten sind, um zu einem fruchtbaren Gespräch, zu einem Austausch und Miteinander zu kommen. Warum fällt es uns so schwer, auch dem Mitmenschen, dem Kollegen, dem Untergebenen oder auch dem Vorgesetzten sein Recht auf Territorium ausdrücklich einzuräumen? Die Emotion würde gar nicht erst geweckt.

Die Problemlösungen liegen außerhalb der Emotionen, jedoch gelangen wir zu ihnen erst über das Akzeptieren von Emotion. Und sagen Sie niemals: »Nehmen Sie das Ganze doch nicht so persönlich!« Wer so spricht, hat nicht begriffen, was es mit Gefühlen und ihrer Ganzheitlichkeit auf sich hat, und schon gar nicht, wie man sie akzeptiert.

Es gibt auch Menschen, die sich wohl fühlen in ihrer Rolle als Verärgerte, zum Teil aus Gewohnheit, und so braucht ihr Körper dann und wann einen Adrenalinstoß dieser Art.

Ich neige selbst dazu, schnell einmal zu explodieren, und ich bin mir eines Tages auf die Schliche gekommen. Warum, so fragte ich mich, fühle ich mich nach solchen Ausbrüchen richtig wohl? Seinem Ärger von Zeit zu Zeit Luft zu machen, ist eine Gewohnheit, ein rein körperliches Bedürfnis nach dem berühmten Adrenalinstoß. Der Kellner, Parkwächter oder Generaldirektor, den es trifft, ist eigentlich nur Mittel zum Zweck, kommt dem Süchtigen gerade gelegen. In anderen Fällen geht es um Amphetamine. Euphorie tritt etwa in einer bestimmten Phase beim Jogging auf. Phenyläthylaminausschüttungen treten bei Verliebten auf, wobei der Verzehr von Schokolade ersatzweise dasselbe Gefühl hervorrufen kann.

Umgekehrt kann auch Depression zur Sucht werden. Wieder verschafft sich der Süchtige die gewohnheitsmäßigen Hormanausschüttungen im Körper. Mit pragmatischen Ratschlägen ist da wenig geholfen; in beiden Fällen – und sie stehen für viele – ist die Entwöhnung ein langer Weg.

Liebesentzug

Wir kommunizieren permanent. Unablässig senden wir Signale aus, unablässig empfangen wir Informationen und bewerten sie. Soviel geht aus dem zuvor Gesagten bereits hervor. Ein großer und schwer auszurottender Irrtum ist es, zu glauben, daß wir, indem wir bewußt nicht reagieren, kein Signal, keine Information abgäben. Selbt das berühmte Pokerface, das dem Gerücht nach undurchdringlich sein soll, signalisiert ganz deutlich: Ich will euch nichts sagen.

Verweigerung ist der immer wiederkehrende Ausdruck dessen, was ich Liebesentzug nenne, und der gehört in den Verhaltenskodex des Unmenschen. Nichts trifft die emotionale Schicht des Menschen so schwer und tief wie diese Form der Nichtachtung.

Auf Liebesentzug folgt Informationsentzug und darauf Aktionsentzug.

Ein Mann spricht zwei Tage lang nicht mit seiner Frau. Er ignoriert sie, praktiziert Liebesentzug. – Sie weiß, daß er ein wichtiges Telefongespräch erwartet. Sagt sie es ihm, wenn es kommt? – Wenn sie für ihn nicht existiert, wird sie ihn auch nicht informieren können. – Bei aller Verweigerung seinerseits erwartet er von ihr, daß sie ihm zu einer wichtigen Sitzung ein Hemd aufbügelt. Wird sie es tun, da sie nicht existiert? Eskalation ist angesagt. Liebesentzug ist keine Erfindung, jedoch die Praxis unserer Zeit. Mit Gefühlen sind wir geizig, die Menschen in den Zeitaltern vor uns waren viel leidenschaftlicher. Wir werden uns zwar kaum ins Mittelalter zurücksehnen, aber »zwischen Leid und Freude, zwischen Unheil und Glück schien der Abstand damals größer als für uns; alles, was man erlebte, hatte noch jenen Grad von Unmittelbarkeit und Ausschließlichkeit, den die Freude und das Leid im Gemüt der Kinder heute noch besitzen« (Johan Huizinga).

Der Weg unserer Geschichte ist ein Prozeß der äußeren Gefühlserkaltung. Wir haben uns im Laufe der Jahrhunderte die großen Gefühlsäußerungen abgewöhnt, vergießen keine Tränenströme mehr, leben Liebe und Haß kaum noch öffentlich aus – und das hat ja auch seine Vorteile. Dagegen spricht eine mit der Gefühlsmäßigung einhergehende Gefühlskälte.

Liebesentzug ist ein kaltes Signalement. Er beginnt wie immer bei der Kindererziehung. Wir werden nicht laut, heben selbstverständlich nicht die Hand gegen unsere Kinder, aber wir sagen: Ich rede nicht mit dir. Oder: Du gehst jetzt auf dein Zimmer und läßt dich heute nicht mehr sehen! Das Kind kann jetzt schreien, weinen, toben; wir überhören es, wir übersehen es; wir reagieren nicht auf seine Proteste. Das ist Liebesentzug. Wir strafen, indem wir es ignorieren, als wäre das Kind nicht vorhanden, und wir verletzen es damit zutiefst.

Jemand, den ich ignoriere, ist inexistent, und ich bin es, der ihn ausschaltet, also umbringt. Mit einer deutlichen Vokabel gesagt: Es ist Mord. Ein Mord, den jeder begeht.

Sind wir uns bewußt, was wir anrichten, wenn wir jemanden übersehen, willentlich, geflissentlich? Es gibt Situationen, in denen einer sich schlau vorkommt, wenn er auf einen Vorschlag, den ein anderer macht, gar nicht eingeht, sondern einfach von etwas anderem spricht. Zwischen Journalisten und Politikern ist das ein bis zur Unerträglichkeit praktiziertes Spiel. Der Journalist stellt eine Frage, der Politiker wehrt die Frage nicht etwa ab, antwortet aber auch nicht darauf, sondern redet von etwas ganz anderem. »Zunächst möchte ich meinen Freunden/Partnern/ Helfern/Wählern danken«, und dem »Zunächst« folgt keine Rückkehr zur gestellten Frage.

Darin spiegelt sich eine Praxis, die man menschenverachtend nennen könnte und die auch so verstanden wird, wenn nicht von dem Journalisten, der Kummer gewohnt ist und seinen Job tut, so doch von denen, für die der Journalist gefragt hat.

Liebesentzug bedeutet in jeder Spielart, daß über das Gefühl eines Menschen hinweggegangen wird. Damit aber ist der *ganze* Mensch getroffen, verletzt.

Der Mensch will zur Kenntnis genommen werden. Immer erwartet er eine Antwort, körpersprachlich gesehen, eine Rückkopplung, das, was wir im Englischen ein *feedback* nennen. Der Fragesteller, der zum Rabbi kommt, muß häufig lange auf eine verbale Antwort warten, die der Erleuchtete aus höheren Sphären empfängt. Deshalb gibt es neben dem Rabbi den sogenannten Zuze-Macher. Mit seinem Ze-ze-ze-ze und dem Wiegen des Kopfes gibt er dem Fragesteller eine fürs erste absolut unrationale und zugleich absolut befriedigende Antwort: Sein Problem wird ernst genommen, ist schwer, ze-ze-ze-ze.

Wer Fragen stellt, ohne auf Antworten zu reagieren – ein Arzt zum Beispiel, der nichts als Symptomfolgen feststellt –, wird immer weniger zu hören bekommen: Weil er die Rückkopplung verweigert und damit den Dialog.

Das Spiel beginnt schon bei der morgendlichen Begrüßung im Büro oder in der Praxis, in der Werkhalle oder auf dem Bauplatz. Die kleinen Rituale des Alltags sind es, die Menschenwürde und Menschenverachtung offenbaren. Wir gehen durchs Feuer für jemanden, der uns als Persönlichkeit akzeptiert. Er kann es nur, wenn er unsere Gefühle akzeptiert. Durch Liebesentzug werden wir im Innersten getroffen, durch Liebesentzug verletzen wir schwerer als durch Tadel, provozieren wir weit mehr Aggression als durch Widerspruch.

Liebesentzug durch fehlenden Blickkontakt: »Das Essen ist fertig. Kommst du zu Tisch?«

Das fehlende Feedback weckt die Aggression: »Das nächste Mal koch dir dein Essen selbst!«

Die geschlossene, unflexible Haltung, der fordernde Blick und der aggressiv feste Händedruck des einen (links) löst beim Partner Skepsis aus. Die geneigte Kopfhaltung wird konterkariert von den herabgezogenen Lippen. Der offenen Hand (Bild Mitte) widerspricht die Mißgunst des Gesichtsausdrucks. Der andere (links) schiebt sich vom Tisch weg (Bild rechts). Die scheinbar lässige Haltung des Partners täuscht: Die linke (Gefühls-)Hand ist versteckt, und der Fuß hebt sich leicht zur Blockade.

Körpersprachlich gesehen ist Liebesentzug in erster Linie das Ignorieren einer Intentionsbewegung. Einer macht den Mund auf, um etwas zu sagen: Wir ignorieren es. Einer preßt die Lippen aufeinander, ein deutliches Verweigerungssignal: Wir reden weiter. Das Ignorieren eines Signals wie eines Arguments erweckt das Gefühl von Liebesentzug. Das Argument oder die Intention, die hinter der Gebärde stecken, etwas nicht zu akzeptieren, hat mit Liebesentzug nichts zu tun.

Wir können uns auch selbst in eine Position manövrieren, in der wir das Gefühl von Liebesentzug kultivieren. Sich in einer Sitzung die Momente für eigene Vorschläge auszusuchen, in denen man gar nicht gehört werden kann, ist eine gute Praxis für den, der sich (und vielleicht auch den anderen) sagen will, »die« wollen mich ja gar nicht hören. Die Probe aufs Exempel läßt sich nur mit einem wahrnehmbaren Vorschlag machen.

Die Hausfrau, die auf ihre Mitteilung, daß das Essen auf dem Tisch stehe, von ihrem zeitunglesenden Ehemann keine Antwort bekommt, wird spätestens nach dem zweiten Anlauf aggressiv sagen: Koch dir doch dein Essen selbst! Auch diese durch Geringschätzung ihrer Mühe hervorgerufene Aggression ist eine Folge des Liebesentzugs und selbst wiederum Liebesentzug.

Eine Modellsituation, in der sich sowohl Territorialverhalten wie auch die Praxis von Liebesentzug spiegeln: Es sitzen sich der Verkaufsleiter und der zuständige Redakteur eines Buchverlags gegenüber; es geht um verkaufsfördernde Maßnahmen für das neue Buch eines Autors, von dem bereits im selben Verlag

eine Publikation vorliegt. Die Gesprächspartner sind beide auf der Hut voreinander. Keiner will Territorialverletzungen zulassen, und schon bei der ersten Frage des Verkaufsleiters, was man denn tun könne, um das neue Buch richtig zu lancieren, ist an seiner geschlossenen Haltung zu erkennen, daß er der Meinung ist, selbst am besten zu wissen, was zu tun wäre. Er stellt eine Proformafrage, sein Körper zeigt jedoch, daß er nicht bereit ist zu handeln. Seine Reaktion auf den Vorschlag des Programmchefs, man solle doch am besten an das vorangegangene Buch anknüpfen, ist deshalb typisch: Ganz falsch – war kein großer Erfolg – jedenfalls nicht auf dem Gebiet, um das es jetzt gehe. Gestisch begleitet er seine Worte ganz typisch: Er winkt ab. Richtiger wäre es, auf die geschlossene Haltung zu reagieren, ihr Antwort zu geben und den anderen über seine eigenen Vorstellungen sprechen zu lassen. Der Verkaufsleiter trumpft auf seine Weise mit seiner Kompetenz, seinem Wissen und Fachgebiet auf, meldet seine Territorialansprüche an und provoziert unwillentlich das Territorialdenken des anderen.

Der aber verfällt in Überreaktionen, die sich nicht in aufbrechenden Emotionen, sondern in dem äußert, was ich Liebesentzug genannt habe. Liebesentzug, die Mißachtung des anderen durch Ignorieren, läßt sich also auch provozieren und ist damit selbst eine Gefühlsäußerung. Wir provozieren Aggression, die sich als Liebesentzug äußert.

Die Frage, was der andere denn vorschlage, ist schon ganz deutlich von Desinteresse gekennzeichnet, weniger dem Inhalt der Frage selbst nach als durch Ton

und Bewegung. Der Redakteur beginnt nämlich, unsichtbare Gegenstände vom Tisch zu schnippen, seine Miene ist gelangweilt, seine Stimme monoton. Die Frage: Was schlagen Sie denn vor? hat alle Symptome einer Proformafrage. Nun kommt der Verkaufsleiter mit dem vorgefaßten Plan heraus, eine Pressekonferenz an bestimmtem Ort mit bestimmten Teilnehmern zu veranstalten. Der Vorschlag mag so gut sein wie er will, durch sein früheres Anspruchsverhalten hat dieser Partner, der sich, nebenbei gesagt, mehrfach als völlig unaggressiv bezeichnete, den anderen in eine Ablehnungsstimmung gebracht. Und was der Redakteur nun sagt, ist exemplarisch für die Regeln der Paradoxie zwischen Inhalt und Ausdruck. Er sagt: Natürlich kann man eine Pressekonferenz machen. Wie er es aber sagt, bedeutet: Das schlechteste, langweiligste, wirkungsloseste, was man machen kann, ist eine Pressekonferenz.

Hätte der Verkaufsleiter das Signal beachtet, wäre er gut beraten gewesen, darin die Verweigerung zu erkennen, um ihr entgegenwirken zu können. Hat er nicht bemerkt, daß der andere in seinem Territorium anerkannt werden wollte? Der Umweg über die Anerkennung der Kompetenz des anderen ist immer der kürzeste Weg.

Die Mißachtung des Vorschlags, das Schulterzucken, muß der Partner als Liebesentzug empfinden. Man ignoriert ihn, und schon reagiert er höchst aggressiv. Bei soviel Desinteresse werde man wohl einmal mit jemand anderem in der Redaktion reden müssen. Der Liebesentzug wird mit einer Drohung beantwortet.

Wer mittels Liebesentzug disziplinieren will, muß stets damit rechnen, daß er Aggressionen auslöst. Es hilft nichts, hinterher zu sagen: Ich habe ihm doch gar nichts getan! Jeder Liebesentzug ist ein Anschlag auf die Existenz des anderen, die er in seinem Selbstgefühl, seinem Gefühl von sich selbst, spürt – und nur da.

Vor allem in der Geschäftswelt und in der Politik grassiert ein Ausdruck, der die Mordqualität der Gleichgültigkeit anderen gegenüber ungewollt beschreibt: Den kannst du vergessen! – Nie gehört! Es genügt nicht zu sagen, daß man auf den oder jenen nicht rechnen könne, nein, vergessen soll er sein, nicht mehr existent und eigentlich nie existent gewesen. Wir haben ihn wegradiert.

Stimmung   Unter der Überschrift »Die Hände sprechen immer mit« habe ich im zweiten Kapitel dieses Buches darauf hingewiesen, daß jemand, der seine Hände bei einem Vortrag, einer Rede – und das gilt natürlich auch für das Gespräch – dort läßt, wo die Natur sie angebracht hat, nämlich an den Armen links und rechts vom Körper herabhängend, sich in eine monotone Stimmung versetze. Das läßt sich leicht nachvollziehen. Man braucht sich nur so wie beschrieben hinzustellen und das Erlebnis eines Sonnenuntergangs zu erzählen, ungefähr so: Gestern sah ich einen wundervollen Sonnenuntergang eine riesige Sonne verschwand langsam hinter dem Horizont die große Kugel wurde immer kleiner es war ein prachtvolles Farbenspiel die Natur war belebt von einer Symphonie aus Farben . . .

Selbst beim Lesen wird uns bewußt, daß zu einer solchen Beschreibung, die uns einer mündlich gibt, mehr gehört als der bloße Wortlaut, daß der Bericht, mit flacher Stimme monoton vorgetragen, an Glaubwürdigkeit verliert. Was dem

Vortrag fehlte und was wir bei der Lektüre wie selbstverständlich ergänzen, war die Betonung und die Gestik, kurz: Es fehlte der Ausdruck einer Stimmung.

In jeder Information, die wir verbal erhalten, steckt jene zweite, zusätzliche Information, mit der die erste, die verbale, bestätigt oder denunziert wird. Die eine Information überträgt Inhalte, die andere besteht aus Klang, Ton, Timbre. Wir nehmen beide gleichzeitig wahr. Wieviel die zweite Information an der primären inhaltlich verändern kann, läßt sich an einem harmlosen Satz anschaulich machen wie: Es freut mich, daß Sie heute da sind. Er verändert seinen Gehalt vollkommen, je nachdem, wie wir ihn aussprechen, welchen Klang, welche Betonung wir ihm geben. Der Satz kann aufrichtig oder unaufrichtig, herzlich oder beiläufig klingen. Inhalt und Klang können übereinstimmen oder im Widerspruch zueinander stehen. Wir haben es also mit zwei Informationsarten, zwei Informationsqualitäten zu tun, die jedoch gleichzeitig auf uns einwirken. Ich komme hier auf den Zusammenhang von Sprache und Körpersprache zurück, eine unauflösliche Verbindung. Der Informationsstrang, der das Wort überträgt, ist begleitet von jenem zweiten, der den Klang transportiert, und er tut das mittels unserer Stimme.

Körpersprache beinhaltet nicht nur Mimik und Gestik, Muskeltätigkeit und Gleichgewicht, Gehen, Stehen, Sitzen, Haltung und so vieles andere, sondern auch unseren Gefühlsausdruck durch die Stimme. In der Stimme und ihrer Funktion treffen verbale Sprache und Körpersprache auf wahrhaft unüberhörbare Weise zusammen.

Das Wort überträgt die Inhalte, die Stimme die Stimmung. Nicht umsonst haben beide Wörter denselben Stamm. Die Stimmung überträgt ein Gefühl; sie richtet sich an die Empfindungswahrnehmung, und selbstverständlich reagiert der Empfänger mit beidem – mit Verstand und Gefühl.

Sagen wir nicht auch, etwas stimmt nicht? Und kommt das nicht auch wieder von dem Wort Stimmung und damit von Stimme? Wenn verbale Aussage und Stimme nicht kongruent sind, sagen wir: Es stimmt nicht. Die Stimmung entspricht nicht unserer Vorstellung, nicht jenem Raster, in den ein bestimmter Satz passen muß, um akzeptiert zu werden. Die Stimme ergänzt die objektiv-verbale Aussage um die entsprechenden Gefühle.

Da wir gewohnt sind, in Kategorien objektiver Information zu denken, vernachlässigen wir die Form zugunsten des Inhalts, das Wie zugunsten des Was, und suchen auch im menschlichen und gesellschaftlichen Miteinander die objektive Information. Nach allem, was hier erörtert wurde, sollte deutlich sein, wir suchen sie vergeblich.

Objektive Information gehört in die theoretische Wissenschaft; sie läßt sich auf den Diskurs, den Dialog zwischen Menschen nicht übertragen; sie reicht nicht aus.

Und was geschieht beim mündlichen Vortrag einer wissenschaftlichen Arbeit? Der Wissenschaftler liest seine sorgfältig aufgereihten Fakten vom Papier. Seine Stimme ist vielleicht auch noch monoton, wie es strenger Objektivität entspräche. Nach den ersten fünf Minuten fallen die ersten Köpfe, nach zehn Minuten die restlichen – in Schlaf, und nach dem Vortrag kommt unvermeidlich die Frage: Verzeihen Sie, kann man das schriftlich haben?

Warum sind wir nicht zu Hause geblieben und haben uns den Vortrag von vornherein in Schriftform schicken lassen? Wäre das nicht praktischer gewesen? Wir gehen aber trotzdem hin. Warum? Wir besuchen den Vortrag, weil wir die subjektive Stellungnahme des Verfassers zu seiner objektiven Untersuchung erfahren wollen.

Realität entsteht aus der subjektiven Auseinandersetzung mit den objektiven Fakten. Die subjektive Stellungnahme, die sich in Stimme und Stimmung auszudrücken vermag, besteht in der dem Wort zugehörigen Empfindung, und sie entspricht einem subjektiven Bedürfnis beim Zuhörer. Dieser Dialog löst eine Bewegung in unserem Körper aus, die sich umsetzt in Stimme, Betonung, Timbre, Akzent und Klang. Der Spannungswechsel im Körper, durch Gefühle verursacht, teilt sich uns durch die Stimme mit, als zusätzliche Information. Das Fazit muß dennoch heißen: Wir sprechen permanent mit dem ganzen Körper.

Am Telefon wäre ja Gelegenheit, ganz inhaltsbezogen objektiv zu sprechen, der Partner sieht uns sowieso nicht. Jedermann jedoch spricht auch am Telefon mit Händen und Füßen – mit dem ganzen Körper. Nach der Logik ist das unsinnig, in Wahrheit aber hat dies Verhalten sehr wohl seine Berechtigung, ganz abgesehen davon, daß wir gar keine Wahl haben, uns so oder anders zu verhalten. Sprächen wir nicht mit dem ganzen Körper, würde die Stimmung nicht mitübertragen, da sie allein von jenem Spannungswechsel im Körper erzeugt wird. Hier entsteht die Information, die den Worten ihr Gewicht verleiht. Daneben vermittelt uns die Stimme am Telefon ein Bild ihres Trägers; wenn wir ihn kennen, sehen wir vor unserem geistigen Auge, wie er sich beim Sprechen bewegt. Das ist gewiß ein Nebeneffekt, trägt jedoch zur Veranschaulichung der These bei, daß der Körper ein wichtiger Informationsträger ist.

Warum haben wir das Bedürfnis, einen Geschäftspartner persönlich kennenzulernen? Warum regeln sich die Dinge, lösen sich die Probleme im Gespräch, Auge in Auge, oft leichter als in jeder anderen Art der Kommunikation? Doch eindeutig deshalb, weil wir in der persönlichen Begegnung ein Vielfaches an Information erhalten, gemessen am schriftlichen und auch am eingeschränkt körperhaften telefonischen Austausch. Dabei ist nicht nur die Vielzahl und Mannigfaltigkeit der Informationen ausschlaggebend, sondern in erster Linie ihre Qualität als Gefühlsinformation, deren Träger der Körper ist.

Leib und Seele

Mit der eben getroffenen Feststellung soll die Aufmerksamkeit meiner Leser noch einmal auf die verbreitete Unterschätzung des Emotionalen in unserer Zeit gelenkt werden, dessen Überschätzung in manchen Kreisen allerdings auch ihre merkwürdigen Blüten treibt. Die Theorien der menschlichen Ganzheit dürfen uns nicht vorgaukeln, das Leib-Seele-Problem sei glücklich gelöst. Wechselwirkungslehre, Identitätslehre und Parallelitätslehre halten Ansätze zu Erklärungen bereit. Aber zunächst gilt das Wort Werner Heisenbergs: »Wir erwarten keinen direkten Weg des Verständnisses zwischen den Bewegungen des Körpers und den seelischen Vorgängen, da auch in der exakten Wissenschaft die Wirklichkeit in getrennte Schichten zerfällt. «

Einen solchen unmittelbaren Weg auszumachen, hieße schließlich, auch unser Bild von der Wirklichkeit wieder zu verengen und auf einen linearen Nenner zu bringen.

»Wer organisches Leben aus mechanischen Kräften und Kausalzusammenhängen erklären will, wer das Bewußtsein aus physikalischen Prozessen oder das Ethos des Menschen aus psychischer Aktgesetzlichkeit begreifen will, verstößt gegen das Gesetz der Schichtenzugehörigkeit. Er überträgt Kategorien einer anderen Seinsschicht auf das Eigentümliche einer höher gearteten.« So der Philosoph Nicolai Hartmann in seinem 1940 erschienenen Buch *Der reale Aufbau der Welt*.

Die Begriffe Schichtenzugehörigkeit und Seinsschicht gehören in den Zusammenhang von Schichttheorie und Schichtlehre in der Philosophie. Platon stellte eine geistige Schicht (*logistikon*) an die Spitze und ließ zwei mindere Schichten, nämlich Gefühl (*thymós*) und Trieb (*epithymós*) folgen. Wie man sieht, steht auch in der europäischen antiken Schichtlehre die Ratio unangefochten an der Spitze. Das neuzeitliche Schichtenmodell der genetischen Persönlichkeitstheorie hat viele Muster. Grundsätzlich werden die Schichten nach ihrem Evolutionsalter in der menschlichen Entwicklungsgeschichte unterschieden und nach ihrer spezifischen Ausbildung beim einzelnen. Als Hauptschichten können eine Vitalschicht, eine Gefühlsschicht und eine Geist- oder Personschicht als den verschiedenen Theorien gemeinsam bezeichnet werden.

Ich gebe diese Hinweise deshalb, um die Komplexität der Frage nach der Verbindung zwischen Leib und Seele noch einmal ganz deutlich zu machen, damit wir nicht von zutreffenden, aber auch zu unzulässiger Vereinfachung verführenden Worten wie Code und Codieren oder durch die Theorie der Ganzheit auf einem kleinen Umweg wieder zu einem mechanistischen Weltbild gelangen und glauben, nun wüßten wir, wie die Maschine funktioniere. Um aber die unbestrittenen vielfachen Wirkungen des Psychischen auf die Physis anzusprechen, will ich ein Beispiel aus dem Buch des bekannten Psychiaters Viktor E. Frankl *Anthropologische Grundlagen der Psychotherapie* anfügen, in dem er von zwei Wissenschaftlern der Medizinischen Universitäts-Poliklinik Jena berichtet, die den exakten Nachweis erbrachten, »daß sich unter psychischen Einflüssen am Herzen die Reizbildung, die Vorhofkontraktion, die Erregungsausbreitung, die Glykogensynthese und die Koronargefäßweite ändern. Die Autoren hatten ›seelische Erlebnisse aller Art durch Hypnose unter elektrokardiographische Versuchsbedingungen gebracht und die Elektrokardiogramme gedeutet‹. Dabei ›erwiesen sich Sorge, Kummer und Sehnsucht als Koronarkrampfgifte, Freude zeigte sich als ein Gegen- und wirksames Heilmittel. Freude wirkte ebenso koronarerweiternd wie Nitrite‹.«

Die Welt der Emotionen beeinflußt Körper und Geist; auch Wert und Würde des Menschlichen liegen in ihr beschlossen. Wir bedürfen der Ratio im selben Maß, um diese Werte Gestalt werden zu lassen und sie in die Tat umzusetzen.

Selektive Wahrnehmung und Ganzheit der Bewegung

Wahrnehmung ist nicht gleichzusetzen mit Informationsaufnahme. Was wir Wahrnehmung nennen, ist bereits umgesetzte Information. Wahrnehmen heißt zugleich erkennen. Wir alle arbeiten gleichermaßen als Sender und Empfänger. Informationen, die wir aussenden und die von einem anderen verstanden werden sollen, müssen in einer Weise codiert sein, die der andere entschlüsseln kann. Selbstverständlich ist auch die verbale Sprache ein solcher Code, und damit sind nicht nur Fremdsprachen gemeint. Auf deutsch, englisch oder französisch kann ich mich nur mit jemandem verständigen, der den jeweiligen Code, eben die Sprache, zu entschlüsseln weiß. Es ist seine Sprache, oder er hat sie erlernt. Innerhalb der einzelnen Muttersprachen existieren Spezialcodes. Als Uneingeweihte verstehen wir kein Wort von dem, was sich zwei Computerfachleute, zwei Angler, zwei Imker erzählen, sie bedienen sich einer Nomenklatur, die einem Code entspricht. Viele von uns haben sich in ihrer Kindheit mit Geschwistern oder Freunden einen Code entworfen, den sie anwandten, damit kein Erwachsener ihren geheimen Dialogen folgen konnte.

Sprache ist die verbale Codierung von Information, Schrift ein weiterer Code, und Schrift wird wiederum codiert, etwa in Zeichen, wenn jeder Unbefugte vom Verständnis ausgeschlossen sein soll. Vergessen wir auch nicht den Code der Zeichensprache, zum Beispiel den der Taubstummen; das ist ein Code, der nun wieder verdeutlichen soll und nicht verheimlichen. Körpersprache ist wie verbale Sprache codierte Information. Da sie vor allem, wie schon erläutert, Träger von Gefühlsinformationen ist, fehlt im Gegensatz zu anderen Sprachen und Codes die Verabredung der Beteiligten oder Eingeweihten über ihre Bedeutung. Gehören die Beteiligten einer Begegnung demselben Kulturkreis an, ist die Verständigung, wie wir gesehen haben, erleichtert.

Auch unsere Wahrnehmung, nicht nur unser Werten und Urteilen, arbeitet durch Vergleich. Dabei kann sie auf angeborene und vorgespeicherte Information zurückgreifen, also auf das, was unsere Gene thesaurieren, und auf übermittelte (Erziehung) und eigene Erfahrung. – Hinzu kommt die Übersetzung der abstrakten Information auf die Funktionen der einzelnen Körperteile. Die Frage lautet wieder: Hat der andere, dem die Information zukommt, die gleichen angeborenen und dazugespeicherten Vergleichsbilder?

Das ist jedoch nicht alles: Unsere Wahrnehmung ist zielgerichtet und selektiv. Das heißt, unser Gehirn wählt aus dem Informationsstrom aus, was dem Prozeß der Wahrnehmung unterworfen werden soll und was nicht.

Ein einfaches Beispiel: Mann und Frau gehen durch eine Stadt. Er hat Hunger,

Codierung und Entschlüsselung

Distanzen.
Mein Partner ist an mich herangetreten; er zeigt mir, daß er keine Angst vor mir hat. Ich wehre mich gegen die Nähe durch ein Drohsignal der Augen.

Er kommt mir so nahe, daß sich die Spannung in meinem Gesicht erhöht. Meine Brust hebt sich zum Stau, obwohl er wie ein braves Kind lächelt: Ich habe dich provoziert, aber ich tue dir nichts, meine Arme hängen ganz inaktiv.

Die normale, habitualisierte Distanz im deutschsprachigen Raum ist die des Händeschüttelns.

Dieselbe Entfernung reicht gerade aus, um seine Nase zu treffen. Weitere Entfernung verrät Angst, Respekt oder Vorsicht; größere Nähe spricht von Aggression oder Vertrautheit.

Ich bin meinem Gegenüber sehr
nahe gekommen. Sein Blick wird
intensiv, eine Spannung ist
spürbar. Er hatte die Wahl, diese
Spannung in Feindschaft umzusetzen oder meine Nähe als
Vertrauensangebot zu akzeptieren.

Er wählt das Vertrauensangebot
und umarmt mich spontan.

Die Umarmung wird mir zu eng.

Nachdem ich ihn gebeten habe, seine Arme wegzunehmen, verändert sich unser beider Ausdruck völlig. Er versucht zu lächeln; ich hebe das Kinn (Ich habe keine Angst vor dir!). Mein Drohsignal ist deutlich, ich handle jedoch nicht, während er zum Schutz die Arme zwischen sich und mir verschränkt und lächelnd seine Größe ausspielt.

sie nicht. Was nimmt er wahr? Nicht den Straßenlärm, nicht den Gestank der Abgase, sondern die Düfte von Bratwurst oder Fisch, von Pizza oder Pommes frites, die aus den Gasthäusern dringen. Was nimmt sie wahr? Vielleicht Parfümerien, vielleicht Schmuck, vielleicht Bilder, je nachdem, worauf ihr Sinn gerichtet ist.

Das bedeutet, daß wir von der Welt und auch von den Menschen dasjenige wahrnehmen, was unserer derzeitigen Verfassung, unseren Bedürfnissen und Zielen entspricht. In diesem Zusammenhang sei an das erinnert, was unter der Überschrift »Urteilen nach Erwarten« gesagt worden ist und was nun als »Wahrnehmen nach Programm« ergänzt werden kann.

Das Einbezogensein des Beobachters

Wir werden bescheidener in unseren Ansprüchen an die Vollständigkeit unserer Weltsicht, wenn wir uns auf diese Weise die Grenzen unserer Wahrnehmungsfähigkeit klarmachen. Es kommt aber noch hinzu, was Werner Heisenberg das Einbezogensein des Beobachters genannt hat. Was heißt das? Es heißt, daß wir Welt und Menschen nie getrennt von uns selbst und unserer derzeitigen Situation sehen können. Es gibt kein Ich, das die Welt anschaut, sondern wir schauen uns in der Welt um, deren Teil wir sind. Was wir sehen, hängt davon ab, wie wir hinschauen und wo wir stehen. Es gibt kein Entrinnen aus der Beteiligung des Beobachters an der Welt. Und das ist eine weitere Absage an die Objektivität unserer Wahrnehmung.

Jemand kommt auf uns zu. In welcher Absicht? Wir wissen es nicht. Aber wir entwickeln aus den angeborenen und erworbenen Erfahrungsmustern eine Wahrnehmung, die sogleich zu Darstellungsmöglichkeiten führt. Eine objektive Beobachtung schließt sich von selber aus. Nehmen wir an, der andere kommt gar nicht auf uns, sondern auf einen Dritten zu. Was ändert sich an der Art der Beobachtung? Es ändert sich nichts, denn auch ohne betroffen zu sein, können wir von uns nicht absehen. Dieses Einbezogensein des Beobachters machen sich übrigens Kunst wie Kolportage zunutze, indem sie uns unsere eigene Erfahrungswelt in überhöhter oder sensationshafter Gestalt widerspiegeln.

Der Versuch, Körpersprache zu deuten, muß ebenfalls von der Kenntnis des eigenen Einbezogenseins ausgehen. Es macht sich weitab von philosophischer Höhe und Erkenntnislehre ganz alltäglich bemerkbar. Die Gebärde, die einer ausführt, die Haltung, die einer annimmt, sie werden nie objektiv wahrgenommen, sondern immer in Bezug zum jeweiligen Beobachter.

Die Frage wird nie so gestellt: Was sagt seine Gebärde?, sondern ausschließlich so: Was sagt mir seine Gebärde? Und weiter: Was hat sie in Beziehung zu mir zu bedeuten?

Es geht jemand auf einen anderen zu. Er bleibt stehen. Was bedeutet der Abstand, den er zum anderen hält? Es ist ein Reflex seiner Weltsicht. Insofern schließt sich der Kreis, und wir finden zu dem zurück, was über die Funktion von Rastern im zweiten Kapitel dieses Buches näher ausgeführt ist. Der Abstand, in dem einer vom anderen entfernt stehenbleibt, um mit ihm zu reden, ohne ihm »auf den Pelz« zu rücken, hängt zum Beispiel auch von der spezifischen Kulturzone ab.

Im deutschsprachigen Raum ist die Armlänge die normale Entfernung. Steht jemand näher, ist er entweder besonders vertraut, oder er will das Vertrauen des anderen erlangen. Steht er weiter entfernt als eine Armlänge, ist er von Zurückhaltung geleitet. Antwortet der andere mit einem Drohsignal der Augen, hat er das Näherkommen ebenfalls als Drohung aufgefaßt.

Engländer stehen entfernter und selten frontal, eher Schulter an Schulter oder in einem Winkel von hundertzehn Grad zueinander.

Selektive und tendenziöse Wahrnehmung

Wahrnehmung ist, so haben wir festgestellt, unter anderem aus dem Grund selektiv, weil wir von uns nicht absehen können, weil unser Einbezogensein nur subjektive Wahrnehmung möglich macht. Man könnte deshalb auch von tendenziöser Wahrnehmung sprechen. Wir steuern unsere Wahrnehmung mehr oder weniger bewußt. Schlicht gesagt: Wir sehen oft, was wir sehen wollen, vielleicht, um mit Wilhelm Busch zu sprechen, weil nicht sein kann, was nicht sein darf. Und wenn es uns in den Kram paßt, mißverstehen wir, weil wir mißverstehen wollen, machen uns selber blind. Was für eine Energieverschwendung, wenn man feststellt, wie wenig uns unsere selektive und damit eingeschränkte Wahrnehmungsgabe von der Komplexität der Welt sehen und erkennen läßt.

Ganzheit der Bewegung

So sehr wir uns die Beschränktheit unserer Fähigkeit zur Wahrnehmung bewußt zu machen haben, so uneingeschränkt können wir von der Ganzheit der Bewegungen ausgehen. Die in Lustspielen häufig genutzte komische Wirkung von gleichzeitig vorgetragenen gegensätzlichen Gefühlsäußerungen ist künstlich. Da lächelt einer dem Überraschungsgast beflissen freundlich ins Gesicht und zeigt den übrigen Anwesenden sein Entsetzen. Sehen wir genau hin, werden wir bemerken, daß gar keine Gleichzeitigkeit besteht, sondern nur ein rasches Nacheinander.

In der ersten Pause eines Seminars über die Zusammenhänge zwischen verbaler Sprache und Körpersprache sagte ein Seminarteilnehmer zu ein paar anderen: Es soll doch Seminare für unfaire Dialektik geben. Jetzt lerne ich unfaire Körpersprache, dann lege ich alle herein. – Er erntete Gelächter, und auf mehr hatte er es wohl auch nicht abgesehen. Aber in jedem Scherz steckt ein Stückchen Ernst. Was die unfaire Dialektik betrifft, so mag man allerlei taugliche und untaugliche Mittel versuchen, wie einer verbal aufs Glatteis zu führen sei, was jedoch die Körpersprache angeht, müssen wir festhalten: Sie kann nicht lügen. Jede Verstellung verrät sich selbst; mehr noch, Körpersprache entlarvt dem, der sie zu deuten weiß, das falsche Wort.

Der Mensch, der »herzlich willkommen« sagt, jedoch meint: Ach du lieber Himmel, da ist er ja schon wieder, zeigt durch Körpersprache seine wahre Meinung, besser, sein wirkliches Gefühl. Denn Gedanken und Empfindungen müssen motorisch übersetzt werden. Wie dieses Gefühl sich äußert, welcher Körperteil die erste Stimme führt, wie man in einem Musikstück sagen würde, ist unerheblich. In diesem Beispiel kann es ein lascher Händedruck, ein verspanntes Gesicht, ein falsches, flüchtiges Lächeln sein. Apropos: Was heißt falsches Lächeln? Es ist der typische und beeinflußbare Ausdruck dafür, daß die Harmonie des Bewegungsablaufs im Gesicht – denn natürlich ist die Mimik auch ein Bewegungsablauf – gestört ist. In meinem ersten Buch über Körpersprache habe ich gesagt, daß beim falschen oder gewollten Lächeln etwa die Augen nicht mitlächeln; es kann sich ebenso darin ausdrücken, daß der Mund gespannt bleibt, eine gerade Linie bildet, statt daß sich, wie für das Lächeln symptomatisch, die Mundwinkel nach oben ziehen.

In der unverstellten Körperbewegung sehen wir das Beispiel einer vollkommen harmonischen Adaption. Gleichgültig, welcher Körperteil im Konzert des Bewegungsablaufs die Solostimme übernimmt, der übrige Körper folgt dem gesetzten Akzent bruchlos. Der Ausdruck setzt sich fort, noch mehr, er wird erst zum Ausdruck, indem er von anderen Körperpartien oder -teilen mitvollzogen wird.

Es gibt einen in der Romanliteratur beliebten Satz, der etwas Unausführbares beschreibt: Er lachte nur mit den Augen. Die Augen allein können gar nicht lachen, sie lachen nur zusammen mit dem Mund. Das läßt sich leicht ausprobieren, vor dem Spiegel zum Beispiel, aber auch mit einer Strichmännchenskizze:

Welches Augenpaar lacht,
linkes oder rechtes?

Und welches Augenpaar lacht nun?

Das simple Beispiel verdeutlicht zweierlei recht gut: Erstens, daß es die Beziehungen von Teilen zueinander sind, die uns etwas wahrnehmen lassen, und zweitens, daß Körpersprache ein ganzheitliches System darstellt. Das hängt auch mit einem physikalischen Prinzip zusammen. Malen Sie einen Kreis auf den Boden, nehmen Sie eine Kette in die Hand und folgen Sie der Kreislinie mit den Augen. Sie werden feststellen, daß die Kette zu kreisen beginnt. Ich werde oft gefragt, ob ein Partner, der einem am Tisch gegenübersitzt, unter dem Tisch ganz andere Körpersignale abgeben könne als mit der sichtbaren Körperhälfte. Dazu ist im Zusammenhang mit der Ganzheit des körperlichen Ausdrucks zu sagen, daß beispielsweise Ungeduld oder Abwehr sich nie ausschließlich im Takt schlagenden (tretenden) oder blockierend angehobenem Fuß ausdrücken, wo vielleicht gerade die Stimmführung liegt, sondern daß gleichzeitig im Blick oder in der Bewegung der Hände dasselbe abzulesen ist. Dabei gibt es sehr starke Akzente, aber selbst wenn diese meinem Blick entzogen sind, läßt sich ihr Widerschein am übrigen körperlichen Verhalten ablesen. Ungeduld etwa kann sich sowohl darin ausdrücken, daß der Blick fliehend ist, wie darin, daß er starr wird. Ausgeschlossen jedoch ist es, daß der Blick, der Mund, das Kinn, die Schultern, die Arme, die Hände signalisieren: Es geht mir gut, während alle unteren Körperteile Unzufriedenheit und Gereiztheit kundtun. Körpersprache kennt keine Dialektik.

Desorientierter Körper – desorientierter Geist. Jeder Körperteil zielt in eine andere Richtung. Solche Leute neigen zu kurzer Sprechweise, sie folgen keinem Gedankenbogen und sind nicht imstande, ein kontinuierliches Gefühl zu erleben.

Kurzsichtigkeit, aber auch ein nachdenklicher Blick werden leicht als Drohsignal mißverstanden.

Die Bedingtheit der körperlichen Reaktion

Wenn wir Ganzheit sagen, empfinden wir, daß dieses Wort einen positiven Appeal für uns besitzt. Bedingtheit dagegen oder Abhängigkeit wirken als Begriffe eher negativ. Es ist hier die Stelle, noch einmal darauf hinzuweisen, daß die Bezeichnungen, die im Zusammenhang mit Körpersprache gebraucht werden, keine Wertigkeit im Sinn von gut oder schlecht enthalten. Gefühl ist nicht gut, weil es als eine Ganzheit bezeichnet wird, und Ratio nicht schlecht, weil sie zu teilen gelernt hat.

Körperliche Reaktion und damit Körpersprache kennen keine Freiheit (weshalb sie auch nicht lügen können). Unser Körper ist entweder an biologische Bedürfnisse gebunden oder an das übergeordnete gedankliche System. Ziellosigkeit zum Beispiel ist in sich wiederum ein System, dem der Körper folgen muß. Er reagiert zwanghaft. Weder sind wir in der Lage, etwas an unserer Körperhaltung zu verändern, ohne daß der ganze Körper miteinbezogen ist, noch kann er die Weitergabe bestimmter Signale verweigern, gleichgültig, ob sie innerhalb des Organismus entstehen oder von außen kommen. Es kann nicht anders sein, denn es ist lebensnotwendig. Käme zum Beispiel die Information: Ich habe Durst, nicht durch, würde ich nicht trinken; tränke ich nicht, müßte ich sterben. Würde die Information, daß es kalt ist, nicht weitergeleitet, käme niemand darauf, ein Feuer zu machen oder sich warm anzuziehen. Das Resultat liegt auf der Hand.

Wir können das Informationssystem unseres Körpers abschwächen, seine Intensität herabsetzen, es durch äußere Reize verändern – was gefährlich genug ist –,

ausschalten jedoch läßt es sich nicht. Die Sinneswahrnehmung ist immer einge-
schaltet, gleichgültig, ob wir wachen oder schlafen.

Die Sprache des Körpers dechiffrieren zu können, setzt voraus, nicht nur ihre
Buchstaben, sondern auch ihre Silben und Wörter zu kennen. Die Beziehungen
untereinander liefern den Sinn. Der stechende Blick allein ist noch kein Drohsignal, kann beim Kurzsichtigen durch das Zusammenkneifen der Augen bedingt
sein, durch das er besser sehen will. Um ein solches Einzelsignal nicht mißzuver-
stehen, ist die Beobachtung des Zusammenhangs notwendig, weil ihre Wirkung
sich nicht aufhebt. Dieser bildet sich je nach der zu transportierenden Information.
So kann das seitliche Neigen des Kopfes Zweifel, Ausweichen oder (in den meisten
Fällen) ein Vertrauensangebot bedeuten, je nachdem, wie der Ausdruck des
Gesichts die Adaption an die zentrale Information spiegelt.

Aus einer Situation der Konfrontation heraus ist die Neigung des Kopfes bereits
eine deutliche Änderung des Standpunkts: keine Konfrontation mehr. Wird auf
diese Weise die Spannung gelöst, heißt das Signal meist ganz archaisch: Ich mache
meinen Hals frei (meine Halsschlagader), du kannst beißen, ich verteidige mich
nicht. Das ist deswegen ein Vertrauensangebot, weil dahinter die Hoffnung steht,
daß der andere den, der sich wehrlos macht, nicht angreifen wird. (Wir kennen
viele Beispiele für dieses Verhalten bei Tieren.) Bei jedem Gespräch, in dem
unbeabsichtigt eine Spannung entsteht, genügt es, den Kopf leicht zu neigen, um
die Spannung abzubauen. Ich kann es mir also leisten, die verwundbare Stelle frei
zu machen, denn der andere reagiert fast immer gleich auf dieses Vertrauensangebot: Wer mir vertraut ist, ist mein Freund. Zu bedenken ist auch hier, daß die
Bewegung in Harmonie zum Ganzen stehen muß. Wer durch eine solche Geste
Vertrauen erwecken will, muß bereit sein, Vertrauen zu geben.

Der Einsatz von Körpersprache verlangt Aufrichtigkeit, die Beobachtung von
Körpersprache setzt deren Ablesbarkeit aus Beziehungszusammenhängen voraus,
und zwar der Harmonie oder Disharmonie der Bewegung und der Beziehung
zwischen verbaler und nonverbaler Sprache.

Unter diesen Voraussetzungen lassen sich Körperbewegungen im Ablauf eines
Gesprächs als zusätzliche Information verstehen. In einer Besprechung macht es
einen Unterschied, ob einer der Partner die Frage des anderen mit der linken oder
rechten, mit der Gefühls- oder der Ratiohand wegschiebt. In einem Fall läßt sich
darauf schließen, daß ihm die Frage unangenehm ist, im anderen, daß er die Frage
rational leicht zu beantworten, eine etwa darin liegende Unterstellung leicht
entkräftigen zu können glaubt. In einem Gespräch bedeutet es auch einen Unterschied, ob derjenige, der gerade das Wort hat, sich während eines Satzes oder nach
Beendigung eines Satzes zurücklehnt. Zieht sich der Körper während des Sprechens
zurück, signalisiert diese Bewegung höchstwahrscheinlich, daß er sich gefühlsmäßig von dem distanziert, was er gerade sagt. Folgt die Bewegung dem Satz,
stimmt sie mit seinem Abschluß überein, ist es eine Einladung an den Partner, zu
antworten oder jedenfalls den Faden aufzunehmen: Ich habe gesprochen, ich
räume meinem Gegenüber das Feld der verbalen Aktion. Ich habe meinen Teil
vorgetragen; indem ich zurückweiche, ist es an ihm, seinerseits etwas vorzutragen.

Seite 86
Konfrontation (oben) schafft
Verhärtung.
Kaum legt meine Partnerin den
Kopf zur Seite (unten), beginne
ich zu lachen.

Seite 87
Neige ich den Kopf (oben),
lächelt sie.
Provokativ schiebt sie ihr Haar
weg (unten), legt den Hals frei,
signalisiert damit:
Kann ich dir vertrauen?
Beißt du oder küßt du mir den Hals
als Vertrauensangebot?

Aber auch diese Bestimmung der Geste ist nicht allein gültig. Das abschließende Zurückweichen kann auch Resignation oder Distanzierung vom gemeinsamen Arbeitsfeld, dem Tisch in diesem Fall, signalisieren. In den meisten Fällen erfolgt ein Rückzug dieses Inhalts nicht nach dem eigenen Satz, sondern nach einer Ablehnung, die wir vom Gesprächspartner erfahren.

Wer seine Hand an die Nase führt, die ihn bis zu diesem Augenblick nicht störte, betrachtet eine Sache (oder sich selbst) kritisch. Nur im Zusammenhang mit dem, was er verbal ausdrückt, läßt sich entscheiden, ob er über das eigene Verhalten nachdenkt oder sich nur fragt: Wie sag' ich's meinem Kinde?, also nach der richtigen Formulierung sucht.

So wichtig also die Beobachtung der einzelnen Reaktionen auch ist, die Beachtung der Zusammenhänge macht sie erst übersetzbar. Dennoch gehen von Bewegungen Signale aus, die bei unterschiedlicher Motivation und Ausprägung eine unveränderbare Grundtendenz aufweisen. Die Bewegung offenbart die Intention. Die Hand, die von oben kommt und einem anderen auf die Schulter, auf die Hände, auf den Unterarm klopft, sagt stets: Bleib an deinem Platz! Das kann väterlich liebevoll, freundschaftlich aussehen und gemeint sein (»wir sind zufrieden mit Ihnen«), die Bewegung von oben nach unten ausgeführt, offenbart die verborgene Intention, bleibt restringent, und meist ist ein Gefühl der Überlegenheit, wenn nicht der Überheblichkeit, im Spiel. Wer selbst zu solchen Gesten neigt, sollte sich im klaren darüber sein, daß das eigene Dominanzverhalten, das gefühlsmäßig stets durchschlägt, beim Partner sehr rasch zu Aggressionen führen kann, und, was nicht auszuschließen ist, auch zu Frustration. Überhaupt kommt es rein körperlich gesehen darauf an, zu erkennen, was durch eine Bewegung geschieht, bevor wir uns an ihre Interpretation heranwagen.

Faßt einer den anderen an, muß die erste Frage zur Erläuterung des körpersprachlichen Ausdrucks heißen: Begrenzt die Bewegung der Berührung den Spielraum des anderen oder nicht? Legt mir jemand, während ich sitze, die Hand auf die Schulter, fällt es mir schwer, aufzustehen, legt er sie seitwärts an das Schulterblatt, ist die Eingrenzung nicht gegeben.

Zu Recht schließt man von über der Brust gekreuzten Armen auf Inaktivität, dagegen sagt diese Haltung nichts über die geistige Aufgeschlossenheit des Betreffenden aus gegenüber dem, was der Partner sagt. Der Informationsaufnahme ist nichts in den Weg gelegt, die Reaktionsfähigkeit ist eingeschränkt, es fehlt die Bereitschaft, selbst zu handeln. Teilnehmer einer Tagung, die einem Vortragenden in dieser scheinbar geschlossenen Haltung zuhören, wirken auf diesen unter Umständen defensiv, müssen es aber nicht sein, solange Schulterpartie und Nacken frei sind. Wer allerdings dieselbe Haltung bei seinem Bankier findet, mit dem er über einen Kredit diskutieren will, muß unbedingt versuchen, ihn zu einer Haltungsänderung (Öffnung zur Aktivität) zu bewegen. Denn hier bedeuten die gekreuzten Arme unzweifelhaft: Ich höre mir alles an, aber ich bewege mich nicht von der Stelle. Das heißt, er wird nichts unternehmen, um den Wunsch des Kunden in die Tat umzusetzen. Man kann förmlich darauf warten, daß er verbal kundtut, daß es für ihn sehr schwierig sei, in der Sache des Kunden irgend etwas zu tun.

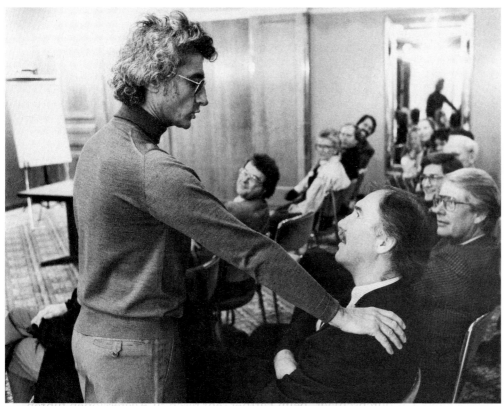

Die Hand auf der Schulter, so anerkennend sie scheint, begrenzt die Bewegungsfreiheit des anderen (er kann nicht aufstehen). Übersetzt heißt die Bewegung: Bleib, wo du bist, trotz deiner Erfolge; ich bin noch immer über dir.

So sprechen manche Väter: Von jetzt an, mein Sohn, kannst du machen, was du willst. (Aber ich halte dich fest in Händen.) Auf dem Foto sind die Arme meines Partners von mir wie in einer Klammer gehalten.

Verschränkte Arme, gerade Kopfhaltung, gespannter Gesichtsausdruck: Ich möchte nicht verhandeln, also verschließe ich mich.

Verschränkte Arme, geneigter Kopf, entspannter Gesichtsausdruck, lockere Haltung: Ich nehme auf, auch wenn ich noch nicht bereit bin, etwas zu unternehmen.

Die Schwierigkeit für den Kunden liegt in einem solchen Fall meist darin, daß er sich durch die Haltung des Partners, die er durchaus durchschauen könnte, nicht beeindrucken läßt. Weil seine Zielvorstellung dieser Haltung nicht entspricht, ignoriert er das Signal. Wir sind von den eigenen Absichten so programmiert, daß wir Informationen, die der andere uns unwillentlich gibt, nicht wahrnehmen, sie sogar als störend empfinden und daher ignorieren. Wir unterliegen häufig der Tendenz, unsere Beobachtungen, soweit wir sie nicht auf der Stelle fortschieben, zu verdrängen, zugunsten unserer Absichten und Ziele zu retuschieren und damit natürlich zu verfälschen und für die Taktik unseres Vorgehens unbrauchbar zu machen.

Was ich über selektive Aufnahme von Informationen gesagt habe, darüber, was wegen mangelnder Kapazität überhaupt verlorengeht, und darüber, daß lediglich ein kleiner Teil des Inputs bewußt wahrgenommen wird, verstärkt sich, was die restliche Summe brauchbarer Informationen angeht, noch einmal durch diese Tendenz. Wer sich selbst unter Druck setzt (Kontraktion reduziert die Informationsaufnahme), sein Ziel starr vor Augen hat, schwebt ständig in Gefahr, blind zu werden für die Signale der nonverbalen Kommunikation und manchmal sogar für die der verbalen.

Zielgerichtetheit muß dort ihre Grenzen finden, wo sie uns hindert, das gesteckte Ziel zu erreichen. Das klingt nach einer Binsenwahrheit. Wer sich selbst, etwa als Verkäufer, oder seine Mitarbeiter einmal daraufhin prüft, wie oft ihn die Absicht, sein Ziel durchzusetzen, seine Ware an den Mann zu bringen, daran hindert, auf die Signale der Umwelt und selbst seines direkten Gegenübers zu achten, wird bemerken, daß hier ein Problemfeld liegt. Es gilt ja gleichzeitig zu bedenken, daß wir mit unserer Absicht, mit unserem Ziel nie einem Gesprächspartner gegenüberstehen, der seinerseits absichtslos und ziellos wäre. Vertreten wir also unsere Ziele vehement, ohne nach links oder rechts zu schauen, verlieren wir im Blick auf unser Ziel den anderen aus den Augen, laufen wir Gefahr, ihn in seinen Gefühlen zu verletzen, weil wir seine Vorstellungen übergangen haben. Es heißt, man solle nicht von sich auf andere schließen; im Sinne ganzheitlicher Kommunikation erweist sich dieser Weg als ausgesprochen nützlich, weil damit der Dialog beginnt. Was aber hilft dem Kunden in unserem Beispiel mit dem Bankier, diesen in Bewegung zu bringen? Zunächst gilt das alte Rezept: Ihn zu einer körperlichen Haltungsänderung zu veranlassen; dies ist die erste Voraussetzung für eine Änderung seines Standpunkts. Es gibt verschiedene Wege, ihn dazu zu stimulieren, etwa in dem man ihm Papiere, Prospekte in die Hand drückt oder ihm eine Tasse Kaffee reicht. Wir zwingen den Partner auf diese Weise, jedenfalls die Hände zu öffnen. Wesentlich für jede Verhandlungssituation ist es, den zur Verfügung stehenden Raum zu nutzen, den materiellen wie den geistigen.

Im Dialog

Das dialogische Prinzip

Kommunikation bestimmt unser Leben. Das Meldesystem unseres Körpers funktioniert, wie das Beispiel von der Information »Ich habe Durst« gezeigt hat, die weitergeleitet und verstanden werden muß durch den permanent in Bewegung gehaltenen Informationsfluß zwischen den Sphären, die das Individuum ausmachen.

Ein großer Teil solcher Kommunikation läuft von uns unbemerkt ab. Bewußt erleben wir Kommunikation hauptsächlich im Dialog: im Dialog mit Menschen und Dingen.

Im Grunde löst alles, was uns Zeichen gibt, einen Dialog, ein Zwiegespräch aus, und im Gespräch miteinander wird uns die Vielfalt der kommunikativen Ausdrucksformen am stärksten bewußt.

Dialog ist ein Wort, das seiner Eigenschaft als Substantiv nur insofern gerecht wird, als es einen permanenten Vorgang bezeichnet; im übrigen hat es als Bezeichnung für ein fließendes, ständig im Wechsel befindliches Element alle Voraussetzungen, deren ein Verb bedarf. Die Herkunft des Wortes Dialog vom griechischen Verb *dialogein* spricht eine deutliche Sprache.

Von Gesprächen hängt im Beruf, in der Familie, in Gesellschaft außerordentlich viel ab. Wer einen Augenblick lang darüber nachdenkt, was sich in seinem Leben infolge von Gesprächen verändert hat, wird dem ohne weiteres zustimmen. Fast allen Entscheidungen gehen Gespräche voraus; sogenannte einsame Entscheidungen bilden kaum eine Ausnahme, weil sie gewöhnlich nach Gesprächen mit anderen zuletzt noch im Gespräch mit sich selbst gefällt werden. Und wenn es gut war, wurde es dialogisch geführt, nämlich im Abwägen von Argumenten und Gegenargumenten.

Nur das dialogische Prinzip führt weiter, also das System des Informationsaustauschs: in der Natur, in der Erziehung, im privaten Leben wie im Beruf. Erfolgreiche Firmen haben heute mehr und mehr ein dialogisches Führungssystem entwickelt. Auch für den einzelnen gilt, daß er nicht ausgeschlossen, nicht isoliert werden kann, solange er im Dialog bleibt.

Vom Allgemeinen zum Speziellen: Das Wort Dialog wird gewohnheitsmäßig auf den verbalen Austausch angewandt, schon weil der in ihm enthaltene Begriff des Logos in diese Richtung, auf die Ratioebene verweist. Selbstverständlich aber befinden sich Körper und Geist von Gesprächspartnern gleichzeitig im Dialog. Wir können diese Erkenntnis ganzheitlicher Kommunikation nutzen oder vernachlässigen.

Wenn im folgenden von Raum die Rede sein wird, ist stets zugleich der materielle und der geistige Raum gemeint; und wenn davon gesprochen wird, die Dinge von zwei Seiten zu sehen, ist davon nicht nur im übertragenen Sinn die Rede.

Perspektivenwechsel

Die typische Situation: Verkäufer und Kunde. Der Kunde will sich ein Haus bauen, der Verkäufer hat Betonhäuser anzubieten; der Kunde jedoch reagiert mit Sperrbewegungen, er stellt sich ein Holzhaus vor. Ein Dialog käme gar nicht erst zustande oder würde rasch ergebnislos beendet, wenn nicht ein Perspektivenwechsel stattfände, und zwar möglichst der Blickwechsel aus der Perspektive des Kunden zur Perspektive des Verkäufers. Die Körperhaltung verrät stets den prinzipiellen Ansatz, aus einer Körperbewegung entschlüsselt sich, ob eine Weiche neu gestellt werden kann. Zunächst scheint es schlecht bestellt um die Möglichkeit dafür. Üblicherweise würde der Verkäufer, wenn er nicht überhaupt auf das Stichwort Holzhaus sagt, daß er damit leider nicht dienen könne, die Vorzüge von Betonhäusern preisen. Er hätte damit die Intention des anderen ignoriert und beim Kunden die ganzen Abwehrmechanismen ausgelöst, die wir als Folge dieses Verhaltens bereits kennen. Statt dessen sollte er sich die Frage nach der Motivation des Kunden stellen, nämlich warum der ausgerechnet ein Holzhaus verlange. Es liegt eigentlich auf der Hand, daß Naturverbundenheit dem Wunsch zugrunde liegt. Jetzt ist der Perspektivenwechsel vorzunehmen. Er spricht nicht mehr von Holz und Beton, sondern von Natur und achtet peinlich genau auf die Gefühlsreaktionen des Kunden, wartet auf sein Signal, zur Sache zu kommen, zur rationalen Beratung. Vielleicht ergibt sich nun die Möglichkeit, von Beton als natürlichem Material zu sprechen, oder davon, daß man, um Holzhäuser zu bauen, die Natur beeinträchtigen, sprich Bäume abholzen muß, während man aus dem luftigen und im Winter leicht beheizbaren Betonhaus in die erhaltene Natur schauen könne.

Der Perspektivenwechsel war in diesem Fall – und das ist wichtig – keine bloße Ablenkung, sondern eine Hinwendung zur tieferliegenden Schicht des Problems.

Um es dem Partner zu erleichtern, dem Perspektivenwechsel zu folgen, ihn mitzuvollziehen, wird der Verkäufer die Möglichkeit eines Platzwechsels nutzen. Zum Beispiel könnte er den Kunden zu einer Reihe von Modellen führen, ohne daß zu diesem Zeitpunkt der Kunde bereits gewonnen wäre und es wirklich um eine Auswahl ginge.

Modelle verstärken dadurch, daß sie dreidimensional sind und deshalb von verschiedenen Seiten betrachtet werden können, grundsätzlich die Dynamik eines Verkaufsdialogs. Sie halten die körperliche Bewegung in Gang. Prospekte, Bildmappen sollten als Gesprächsunterstützung so beschaffen sein, daß sie zum Blättern anregen und dadurch die Bewegung anregen. Jedes Vor- und Zurückblättern schafft einen kleinen Perspektivenwechsel.

Modulation und Melodik

Der Dialog zwischen Körper und Stimme entsteht durch Spannungswechsel. Sprache ist zugleich Stimme und damit Klang und Stimmung. Die Stimme wirkt grundsätzlich stark auf das Empfinden des Partners. Wir alle kennen Stimmen, die angenehm und solche, die unangenehm auf uns wirken. Die Stimme gibt der Sprache ihren Ausdruck. Stimmen Wort und Stimme in ihrem ganzheitlichen Eindruck überein, wirken wir glaubwürdig. Es kommt in vielen Momenten nicht nur darauf an, was wir sagen, sondern wie wir es sagen. Jedem, der Verhandlungen zu führen, Vorträge zu halten, Vorgänge zu erklären hat, ist zu raten, den eigenen stimmlichen Ausdruck zu kontrollieren. Stimmfarbe und Stimmstärke sind keineswegs nebensächlich für den Erfolg eines Gesprächs. Jeder von uns hat eine ihm eigentümliche Stimmlage und einen sogenannten habituellen stimmlichen Ausdruck, der sich ungelenk von unserer Ratio, stark beeinflußt dagegen von unseren Emotionen verändert. Wieder wird ein Zusammenhang zwischen Ratio und Empfindung sichtbar, etwa dann, wenn wir uns rednerisch in ein Thema hineinsteigern. Wir haben es erneut mit einer Wechselwirkung zu tun: Der vorzutragende Gedanke weckt unsere Emotion, die ihrerseits unsere Eloquenz steigert. Diese wirkt auf die Emotion zurück, eine Eskalation ist im Gang. Wer diese Mechanismen kennt, wird sie einsetzen und kontrollieren können, und er wird es nicht für überflüssig halten, den eigenen Vortrag, die eigene Gesprächsführung einmal unabhängig von Inhalt und Wortwahl allein auf die Stimmwerte hin auf dem Tonband zu überprüfen. Ist der Ton schrill, oder wird er es an bestimmten Stellen, wird er abrupt, etwa bei steigender Emotion? Oder bleibt er melodisch? Ist er dünn oder raumfüllend? Ist die Stimme zu laut, zu leise, monoton, schön modulierend?

Für den Ausdruck unseres Gefühls und für den Eindruck, den wir auf das Empfinden eines Gesprächspartners, eines Zuhörers machen, sind Stimme, Stimmfarbe und Stimmstärke von nicht zu unterschätzender Bedeutung.

Der Körper stimuliert den Spannungswechsel, der unsere Stimme verändert. Unsere Stimme kann auf uns und andere beruhigend wirken oder schrill als Reiz. Babys reagieren in ihrer ersten Lebensstunde auf einen Schrei mit Angstbewegungen. Denn der Gleichgewichtssinn liegt im Ohr. Aus dem Gleichgewicht zu geraten, hat stets eine seelische und eine körperliche Komponente. Die Stimme erzeugt physische Reaktionen. So kann ein Schrei Gänsehaut verursachen. Mit der Stimme verändert sich auch die Körperhaltung, sie wirkt entscheidend auf die Harmonie der Bewegungen. Eine schrille Stimme stört die Koordination der Körperteile. Versuchen Sie einmal, unter schrillen Schreien harmonische, runde Bewegungen auszuführen. Wiegenlieder sind tiefgestimmt, Stimme und Bewegung des Wiegens werden zu einer Ganzheit.

Niemand sollte seine habituelle stimmliche Anlage gewaltsam unterdrücken. Aus einem Tenor einen Baß machen zu wollen, entspräche in etwa der unsinnigen Praxis, einen Linkshänder um jeden Preis zum Rechtshänder erziehen zu wollen. Es ist auch gar nicht die Stimmlage, die über Sympathie oder Antipathie des Zuhörers entscheidet, sondern es sind Melodik und Modulation einer Stimme. Daran aber kann jeder arbeiten, der es der Mühe wert findet.

In diesen Zusammenhang gehören auch die Sprechmarotten, kleine Laute, die Denkpausen bezeichnen, »hm« und »äh« und andere Lautäußerungen. Es genügt, sich ihrer bewußt zu werden, um sie zu vermeiden.

Ständige Übung, besser noch ständige Praxis gehört dazu, auch in emotionalisiertem Zustand Versprecher, leichtes Stottern, zu dem viele Menschen neigen, sicher zu vermeiden.

Gerade unter Wissenschaftlern, bei denen kein Zweifel daran besteht, daß sie wissen, was sie zu sagen haben, fehlt oft die Routine des Vortragens. Wie viele sind, etwa wenn sie in Wirtschaft oder Industrie arbeiten oder damit zu tun haben, darauf angewiesen, sich Laien verständlich zu machen, die – und hier liegt der Hund begraben – überzeugt sein wollen. Und häufig genug hängt alles davon ab, ob der Vortragende überzeugend »geklungen« hat. Dabei soll nicht unterschätzt werden, daß mittels einer entwickelten Technik des überzeugenden Tons der Verführung Tür und Tor geöffnet ist. Wieder läßt sich etwas über die Qualität von Eigenschaften anfügen, die, wie wir wissen, weder gut noch böse sind. Der Wohllaut der Stimme, die Gewalt, die von ihr ausgehen kann, indem sie Emotionen weckt, auf sich zieht und lenkt, hat a priori nichts mit der womöglich dahintersteckenden bösen Absicht zu tun. Wo gäbe es Mittel, die nicht auch mißbraucht werden könnten! Und Stimmen können tatsächlich wie Drogen sein, Heilmittel und Gift.

Unser Körper, unsere Körperbewegung muß den Dialog mit der Stimme aufnehmen. Eine Stimme wird modulationsfähig, wenn der Körper sich räumlich bewegt. Sie können es an sich selbst ausprobieren: Prüfen Sie die Körperspannung, während Sie einen hohen Ton erzeugen. Fühlen Sie, wie der Körper sich streckt, wie der Ton aus dem Kopf zu kommen scheint? Anders beim sogenannten tiefen Ton: Die Spannung geht in Richtung des Beckens. Stellen Sie sich aufrecht und unbeweglich hin, lassen Sie die Arme schlaff am Körper herabhängen und versuchen Sie, ausdrucksvoll zu sprechen. Sie werden Schiffbruch erleiden.

Unter Modulation, also der Fähigkeit, Sprache in der Form zu variieren, wird auch das Sprechtempo verstanden. Es gibt Menschen, die reden so schnell, daß wir es müde werden, ihnen zuzuhören, und andere, die reden so langsam, daß der gleiche Effekt eintritt. Beides wirkt im übrigen monoton. Nicht nur in der geschlossenen Rede, vor der man sich vielleicht am ehesten der Gesetze der Redekunst (Rhetorik) erinnert, sondern genauso im Gespräch zu zweit oder mit mehreren kommt es darauf an, sein Sprechtempo zu variieren. Was sich bei einer geschlossenen Rede einüben läßt (bei der vom Manuskript gelesenen Rede lassen sich entsprechende Zeichen von Steigerung und Zurückfallen in normalen Gesprächston anbringen), muß im direkten Dialog der Beobachtung des Gegenübers und seiner körpersprachlichen Signale folgen.

Atemholen

Der Atem hat im Körper ähnliche Funktionen wie das Blut, transportiert dieses Informationen, so leitet der Atem Gefühle weiter. Die Variation des Sprechtempos fällt zusammen mit dem Sprechrhythmus, und dieser hängt vom Rhythmus unserer Atmung ab. Atmen ist unmittelbarer Ausdruck von Leben. Wer atmet, lebt. Und nicht umsonst heißt es, daß jemand sein Leben aushaucht, wenn er stirbt. Der Atem, mit dem wir Laute formen, also sprechen, ist der gleiche, der unsere Versorgung mit Sauerstoff garantiert, der gleiche, der Kohlendioxid ins Freie befördert. Wie wenig Atmen ein mechanischer Vorgang ist, unabhängig von unseren Gefühlsschichten, wird bei jeder Erregung deutlich. Emotion läßt uns schneller atmen. Wenn jemand nach Luft ringt, muß das durchaus nicht ausschließlich eine körperliche Ursache haben, Emotionen verbrauchen ebensoviel Sauerstoff. Wir holen tief Luft, wenn wir jemandem die Meinung sagen

Wenn wir das Einatmen der Luft auf uns wirken lassen, heißt das, daß wir teilnehmen an der Welt. Wer bewußt atmet, ist aufgeschlossen für andere, für ihre Wünsche und Vorschläge.

wollen, ohne daß wir deshalb schreien. Wir halten den Atem an, wenn eine Situation brenzlig wird, und legen damit alles still, bevor der Knoten gelöst, der Bann gebrochen, die Entscheidung gefallen ist und wir zu neuen Überlegungen kommen. Wir halten den Atem übrigens auch deshalb an, weil wir ihn für den ersten Schritt nach einer getroffenen Entscheidung zu brauchen glauben.

Für einen Verhandlungspartner gilt es als vorteilhaft, einen langen Atem zu haben. Sprache beschreibt auch hier Körpersprache. Kurzatmigkeit ist ein Übel unserer Zeit. Und wie wirkt denn der Kurzatmige in einem Gespräch? Wir trauen ihm nicht zu, daß er auf unsere Argumente zu hören vermag, daß er unsere Intentionen berücksichtigt. Meist haben wir auch noch recht damit; denn im allgemeinen steckt hinter der Kurzatmigkeit ein gehetztes Wesen, das weder nach links noch nach rechts zu schauen vermag, geschweige denn sich aufzuhalten wagt und statt dessen versucht, sprunghaft nach vorn zu kommen, und dabei häufig stolpert.

Atmen ist lebensnotwendig, richtiges Atmen ist eine Therapie für Leib und Seele. Manchem Sprechgehemmten wäre ein Atemtraining eher anzuraten als rhetorische Schulung. Wer gewohnt ist, tief zu atmen und auf elastische Weise auszuatmen, strahlt Selbstbewußtsein aus; ein gewölbter Brustkorb ist körpersprachlich gesehen Ausdruck eines aktiven, unverspannten, optimistischen und kontaktfreudigen Menschen. Wir spüren, wie sich beim starken Einatmen der Brustkorb dehnt, einen Platz in der Welt beansprucht, und wie der übrige Körper sich dieser Bewegung anpaßt. Es läßt sich leicht nachvollziehen, wie schwierig es ist, mit hängender Kopfhaltung tief einzuatmen. Die Bewegung setzt sich automatisch fort: Tiefes Einatmen provoziert ein Aufrichten von Hals und Kopf. Flache Atmung weist auf Ängstlichkeit, Bedrückung, oft Menschenscheu hin. Wir trauen dem Menschen, zu dessen Charakteristik ein eingefallen wirkender Brustkorb gehört, wenig Vitalität zu. Ruhiges Ausatmen spricht für Ausgeglichenheit von Körper und Seele.

Der Dialog von Sprache und Bewegung	Dialekt, also die gewohnte Art zu sprechen, wirkt sich sowohl auf die Ausbildung der gesamten Mund- und Rachenmuskulatur als auch auf den Bewegungsablauf aus.

Wo hat der Junge das nur her? – Dieser Schreckensruf ertönt aus dem Munde vieler Eltern, deren Sohn im Elternhaus verpönte Ausdrücke von der Straße, aus der Schule, aus dem jeweiligen sozialen Umfeld mit nach Hause bringt. Im Normalfall ist die Familie die erste Sprachschule. Wir sprechen, wie unsere Eltern und Geschwister es uns lehren, bis der äußere Kreis der Gleichaltrigen an Bedeutung gewinnt. Hieran läßt sich noch einmal sehr deutlich jener Prozeß der Anpassung verfolgen, der den einzelnen an die Gruppe bindet. Wer von der Gruppe angenommen werden will, darf sich nicht von ihren anderen Mitgliedern stark unterscheiden, muß sich in seiner individuellen Andersartigkeit anpassen, um nicht fremd zu bleiben. Fremdheit und Zugehörigkeit manifestieren sich bei gleicher Hautfarbe vor allen Dingen in Sprache.

Sprache ist, wie aus allem hier Gesagten hervorgeht, immer mehr als ein Verständigungsmittel. Und wie die Zugehörigkeit zu einer Gruppe sich nicht durch das Entrichten eines Mitgliedsbeitrags erkaufen läßt, wird Sprache, die rational durchaus verständlich ist und dem großen Umkreis der eigenen Muttersprache angehört, als falsche Münze zurückgewiesen, wenn sie nicht klingt wie das eigene, das regional begründete Idiom.

Das Entsetzen hochsprachlicher Eltern über die Anreicherung der Sprache ihrer Kinder durch idiomatische und dialekthaltige Bestandteile ist völlig fehl am Platz. Dialektfärbung verleiht der Sprache einen hohen individuellen Ausdruck, ist in ihrer Wirkung vertrauensbildend, während die mehr oder weniger rein gesprochene Hochsprache oft kalt und glatt wirkt, allerdings auch auf eine höhere soziale Ebene hinweisen kann.

Beeinträchtigend wird Dialektfärbung, wenn der Partner dem fremden Idiom nicht mehr ohne Anstrengung folgen kann. In diesem Fall ist Anpassung notwendig, ohne Verleugnung der klanglichen Eigenart.

An dieser Stelle sei daran erinnert, daß der Sprachklang mit Stimmodulation zu tun hat und dieser wiederum unmittelbar an den Spannungswechsel im Körper gebunden ist.

Der Sprechweise sind die entsprechenden Bewegungsabläufe zugeordnet. So führt eine scharfe Betonung der Konsonanten, wie es früher beim sogenannten Casino-Ton des preußischen Offiziers gang und gäbe war, zwanghaft zu eckigen, zackigen Bewegungen. Die langgezogene Melodie des Wiener Dialekts mit ihrem

Der Stimmklang beeinflußt die Bewegung.

typischen Tonabfall schließt jede Eckigkeit oder Zackigkeit der Bewegung aus, eher werden ausweichende Bewegungen stimuliert.

Die lockere Kaubewegung des Amerikanischen steht in striktem Gegensatz zur britischen Lautbildung und mit ihr der typische Sprachklang, der dem Körper jene charakteristische englische Zurückhaltung auferlegt.

Die französische Sprache mit ihren schweifenden Nasaltönen, ihrer Betonung der Endsilben bewirkt nicht nur den melodischen Klang, sondern schafft breite, häufig in die Höhe schwingende Bewegungen.

Sprache, so läßt sich resümierend sagen, bringt die Menschen einer Sprachgemeinschaft auch in einen gewissen körperlichen, also physischen Gleichklang.

Ich selbst spreche unter mehreren anderen Sprachen deutsch, aber deutsch ist nicht meine Muttersprache, der Sprachklang unterscheidet sich von dem meiner Partner. Dadurch ist es für mich manchmal schwer, in Einklang mit ihnen zu kommen.

An Inszenierungen, die ich als Regisseur an deutschsprachigen Bühnen gemacht habe, wurde häufig bewundert, daß die Schauspieler ungewöhnlich gut artikulierten. Die Erklärung für dieses Phänomen ist ganz einfach: Das Wort als Klang

Appell an die Feinfühligkeit. Gourmetmund und Fingerspitzen übersetzen es.

konnte ich nicht verstehen; ich mußte es aber vestehen, und alle Schauspieler sprachen bei mir automatisch deutlicher als sonst. Für andere Regisseure war der Klang eines Wortes zugleich sein Inhalt, und so vollzieht sich Kommunikation grundsätzlich zwischen Menschen gleicher Muttersprache. Wie viel mehr gilt das für Menschen, die denselben Dialekt sprechen. Sie verstehen einander nicht nur leichter, sondern auch im übertragenen Sinn besser, weil sie einfach dem Klang folgen.

Schwarze Amerikaner sprechen bis heute klanglich anders als weiße, obwohl sie seit Hunderten von Jahren Amerikaner sind. Wir wissen, wie schwer es beiden Gruppen fällt, miteinander in Einklang zu kommen. Schwarze Amerikaner, die es erreichen, von ihren weißen Landsleuten akzeptiert zu werden, haben sich klanglich an deren Sprechweise angenähert. Martin Luther King sprach wie ein weißer

Mann. Samy Davies jr. hat es partiell zum Gleichklang gebracht, und sein Erfolg spricht davon. Andere schwarze amerikanische Künstler, deren künstlerische Leistungen nicht schlechter waren als seine, sind immer Schwarze geblieben. Das ist der Unterschied.

Unter den regionalen Dialekten gibt es einige, die in fremder Umgebung erheiternd wirken; man verlasse sich aber nicht darauf, daß Träger solcher Dialekte ihre Sache nicht ernst meinten.

Die Verwendung einer Fremdsprache und deren gefühlsmäßige Aufnahme durch denjenigen, dessen Muttersprache benutzt wird, folgt eigenen und von Land zu Land keineswegs gleichen Gesetzen. Im deutschsprachigen Raum wird ein deutsch mit fremdem Akzent sprechender Mensch allgemein entgegenkommend aufgenommen (solange es kein ausländischer Arbeitnehmer ist), ja man paßt sich gern dessen mangelhaftem Sprachvermögen an. Unter anderem mag dies daran liegen, daß man im deutschen Sprachraum weniger sprachbewußt ist als anderswo. Engländer gehen davon aus, daß man ihre Sprache beherrscht, und sehen über Fehler relativ großzügig hinweg; ihre geschichtliche Weltläufigkeit hat es sie gelehrt. Die sprachbewußten Franzosen lieben es nicht, ihre Sprache durch Fehler verstümmelt zu sehen. Merkwürdigerweise wird ein klanglich gutes Französisch mit schwach ausgebildetem Wortschatz eher akzeptiert als es richtige Vokabeln und falsche Aussprache werden – wie es bei ihnen ja auch heißt: C'est le ton qui fait la musique. Der lebensbejahende, typische Italiener hingegen freut sich über jedes Wort, das der Fremde in seiner Sprache kennt. Noch größer ist der Stolz auf die eigene Kenntnis fremder Wörter.

So führt Mentalität zum unterschiedlichen Umgang mit der eigenen Sprache und zu unterschiedlicher Akzeptanz des Sprachverhaltens anderer.

Eigene Probleme wirft die Unterhaltung zweier Gesprächspartner mittels eines Dolmetschers auf. Ein guter Dolmetscher wird zwar nicht nur den Inhalt einer Aussage weitergeben, sondern auch die Stimmung. Dennoch verliert keiner der Partner den anderen, der in einer für ihn völlig unverständlichen Sprache redet, während dessen Ausführungen aus den Augen. Er versucht das mitzubekommen, was kein Dolmetscher vermitteln kann, den Gefühlsausdruck des anderen im Moment des Sprechens. Die Harmonisierung des Klangs gehört zu den Erfolgsrezepten des Gesprächs. Es gilt, Unterschiede in Klang und Rhythmus zu überwinden.

Rhythmus und Rhythmuswechsel

Unserem Organismus ist ein natürlicher Rhythmus zu eigen; er stellt eine vegetative Eigenbewegung dar. Atmung und Herzschlag folgen, solange wir nicht Einfluß auf sie nehmen, diesem natürlichen Rhythmus, der sich am deutlichsten im Ruhezustand zeigt. Rhythmus ist ein ineinander übergehendes phasenhaftes Strömen, nicht linear gemessen und geteilt, wie etwa der Takt es tut.

In der Musik wird es ganz deutlich: Der Künstler schlägt nicht den Takt, sondern er folgt dem strömenden Rhythmus der Musik, das macht den Unterschied aus zwischen Richtigspielen und einer lebendigen, also rhythmischen Wiedergabe des musikalischen Kunstwerks. In der ganzheitlichen Kommunikation spielen Rhythmus und das Eingehen auf den Rhythmus des anderen eine wesentliche Rolle.

Sind wir am Vortrag eines Redners interessiert, werden wir versuchen, unseren Rhythmus, unsere Schwingungen den seinen anzupassen, seinen Rhythmus weitgehend zu adaptieren. Bewegen sich Redner und Zuhörer im selben Rhythmus, ist die optimale Voraussetzung für den Gedanken- und Gefühlstransport gegeben. Sobald ein Zuhörer sich sagt, daß er nun alles verstanden habe, läßt sich das sofort daran erkennen, daß er seinen eigenen individuellen Rhythmus wieder aufnimmt.

Ein einfaches Beispiel soll diesen Vorgang verdeutlichen: Zwei offene Lastwagen fahren parallel zueinander, aber mit unterschiedlicher Geschwindigkeit. Versucht man nun, Waren von einem Lastwagen auf den anderen zu laden, wird ein Teil davon sein Ziel verfehlen und danebenfallen. Es gilt also, die beiden Lastwagen auf gleicher Geschwindigkeit zu halten. Die optimale Voraussetzung für das Umladen von Waren ist erreicht. Dasselbe gilt für den Informationstransport in jeder Art von Gespräch.

Ist der Rhythmus des Redners monoton, wird er auf seine Zuhörer ermüdend, wenn nicht sogar einschläfernd wirken. Der gleichmäßige Rhythmus gewinnt seine positivste Form beim In-den-Schlaf-Wiegen eines Kindes. Um wach zu sein und zu bleiben, braucht der Körper den Bewegungswechsel. Die Gewöhnung an einen gleichbleibenden Ton bringt den Organismus zum Ausschalten der bewußten Aufnahmebereitschaft. Wer müde ist und nicht einschlafen darf, wird sich Bewegung verschaffen. Bewegt sich der Redner also, und das Publikum tut es mit ihm, wird keine Ermüdung eintreten. Dabei kann der Redner ganz ruhig stehen, denn es ist die emotionale Betonung, die den Rhythmuswechsel hervorbringt. Das ist zugleich die Aufforderung an den Zuhörer: Komm mit – hier geht der Weg!

In jedem Gespräch, an dem uns liegt, sollten wir versuchen, zu einem Rhythmusausgleich mit dem Partner zu kommen. So gut unsere Argumente sein mögen, wir bringen sie ohne ein Austarieren der Körperbewegung nicht an den Mann; gleicher Rhythmus erzeugt gleiche Stimmung. Wir brauchen noch lange nicht einer Meinung zu sein, die Voraussetzung dafür, daß unsere Argumente gehört werden, schaffen wir durch Stimmungsausgleich. Nicht umsonst sprechen wir davon, in Einklang mit jemandem zu sein, oder davon, auf der gleichen Wellenlänge zu sein wie der andere. Sprache beschreibt Körpersprache.

Dieser Schwingungsausgleich entspricht übrigens einem physikalischen Gesetz, für das ein einleuchtendes Experiment existiert. Man hat Pendeluhren mit unterschiedlichem Pendeltakt in einen Raum gestellt und konnte mich davon überzeugen, daß sich die Uhren nach einer gewissen Zeit in ihrem Rhythmus anglichen. Schwingungen neigen zum Gleichklang, weil in ihm ein Höchstmaß an Ökonomie im Energieaufkommen erreicht wird. Dieses Gesetz gilt ohne weiteres auch im Bereich der Gruppendynamik; vereinfacht gesagt, es geht weniger Energie verloren. Zieht jedes Mitglied an einem anderen Strang, tritt naturgemäß der gegenteilige Effekt ein. Der Energieverbauch kann zur Energieverschwendung führen.

Ein Symphonieorchester baut einen Klang. Nur wenn die verschiedenen Töne, die von den einzelnen Instrumenten erzeugt werden, in eine gemeinsame Vibra-

Eines habe ich noch zu sagen! Und dieses eine weiß ich bestimmt besser als ihr.

tionsebene gelangen, entsteht das, was wir Orchesterklang nennen. Dabei bleibt uns der individuelle Klang der Instrumente erhalten. Das gilt auch für den sozialen Zusammenhang. Im Gleichklang mit anderen zu sein, bedeutet nicht den Verzicht auf Individualität.

Unser habitueller Rhythmus hängt mit der Ausbildung der Persönlichkeit unmittelbar zusammen, deshalb ist er eingebunden in die Voraussetzungen, die durch unsere Herkunft gegeben sind. Der Rhythmus unseres Körpers hat also auch etwas zu tun mit dem Kulturkreis, dem wir angehören, er hat sich durch Gewohnheit und Nachahmung, durch Einfluß und Druck von Familie und Umwelt, durch Erfahrung und Wünsche gebildet. Als Summe kommt das heraus, als was sich ein jeder selbst erlebt. Und eines steht fest: Wie sich einer selbst erlebt, so glaubt er, daß er sei. Er spürt sich selbst in seinem Rhythmus. Wir erkennen einen Menschen unter anderem an seinem Rhythmus, an seinem Sprech-, Denk- und Arbeitsrhythmus. Viel stärker aber empfinden wir unseren eigenen Rhythmus als ureigenen Ausdruck unserer selbst. Rhythmusveränderungen werden deshalb zugleich als Persönlichkeitsveränderungen empfunden, weshalb es nicht leicht ist, sie bei einem anderen herbeizuführen.

Bemerken wir in einem Dialog, daß sich der eigene Rhythmus von dem des Partners unterscheidet – wovon wir in den meisten Fällen ausgehen können –, werden wir gewiß versuchen, den anderen in unseren Rhythmus hineinzuziehen.

Rhythmus und Persönlichkeit

Gelingt das nicht, ist es an uns, auf seinen Rhythmus einzugehen. Das kostet Überwindung, und wir werden stets von neuem erfahren, wie uns unser individueller, habitueller Rhythmus wieder einholt und den guten Vorsatz zunichte macht. Die eigene Anpassung an den individuellen Rhythmus des anderen erfordert Training, erfordert Praxis des Gesprächs. Jeder kennt Menschen, die aus nervöser Konstitution in ständiger Bewegung sind, mit jedem Körperteil in eine andere Richtung stoßen. Ein solcher Mensch ist nicht fähig, lange Sätze zu sprechen. Mit ihm verständigen wir uns am besten in einer Unterhaltung von Halbsätzen. Sprunghaftigkeit eines Gegenübers mit verlangsamter Rede heilen zu wollen, bringt den anderen vollends aus dem Häuschen. Anders ist es bei einer vorübergehenden Unruhe. Auf jeden Fall ist es richtig, sich darauf einzustellen, dem Gesprächspartner den eigenen Rhythmus nicht aufzuzwingen, sondern ihn nur zu stimulieren.

Einige Symptome sind vorhanden, die uns anzeigen, daß wir unseren Rhythmus ändern sollten. Es sind dies die Signale der Körpersprache. So verpufft das schönste Engagement, mit dem wir unsere Ideen vorbringen, wenn der andere längst körpersprachlich signalisiert hat, daß er nicht mehr mitkommt und deshalb das Interesse verloren hat. Das Zeichen dafür ist häufig das, was ich das Verlassen des Arbeitsfelds genannt habe, das Zurücklehnen des Oberkörpers. Beginnt dagegen der andere mit dem Fuß oder gar den Fingern zu takten oder zu trommeln, heißt das Signal: Weiter! Schneller! Geht man nun daraufhin nicht weiter, wird der andere nervös werden und damit unkonzentriert. Wir sind gewohnt, von Inhalten auszugehen, und haben noch so viel zu sagen, wenn der andere sein Weiter! signalisiert. In Schauspielerkreisen gibt es für solche Fälle eine Formel, die heißt: für den nächsten Film! Spar dir deine fabelhaften Ideen fürs nächste Mal. Argumente, die wir dem Ungeduldssignal des Partners nachschicken, entfernen uns vom Ziel, anstatt uns ihm näherzubringen. Gleichgültig, wie gut oder richtig unsere Argumente auch sein mögen, unser Partner bewegt sich auf der emotionalen Ungeduldsebene. Der gewiegte Verhandlungsführer ist sowohl während seiner eigenen Rede als auch der seines Partners ein aktiver Beobachter. Er führt ein Gespräch nicht nur mit dem Verstand, sondern hält alle Sinne offen für die Gefühlsäußerung des anderen. Einen Teil wird er an den konkreten Signalen der Körpersprache erkennen, an Bewegung, Rhythmus und Stimmklang etwa, einen anderen wird er ausschließlich gefühlsmäßig aufnehmen. Niemand sollte sich jedoch zu sehr oder gar ausschließlich auf sein Sensorium für atmosphärische Veränderungen verlassen. Es ist ratsam, vorsorglich durch die rationale Auswertung der körpersprachlichen Gefühlsäußerungen des Gegenübers auf dessen Empfindung zu schließen.

Die Verkäufer-Käufer-Konstellation

Im Berufsleben überwiegen Gesprächssituationen, die mehr oder weniger eine Verkäufer-Käufer-Situation manifestieren, anders genannt eine Anbieter-Abnehmer-Konstellation. Angeboten werden geistige oder materielle Leistungen, Arbeit oder Arbeitskraft. Die Aufgabe, zu überzeugen, fällt immer dem Anbieter zu. In sehr vielen Fällen läßt ihn der Druck, unter den er sich durchaus selbst setzen kann, wenn andere nicht dafür sorgen, seinen individuellen Rhythmus beschleu-

Ich zeige als Kunde durch Zuneigung Interesse, aber konkrete Details will ich, wie meine Fußstellung zeigt, noch nicht haben.

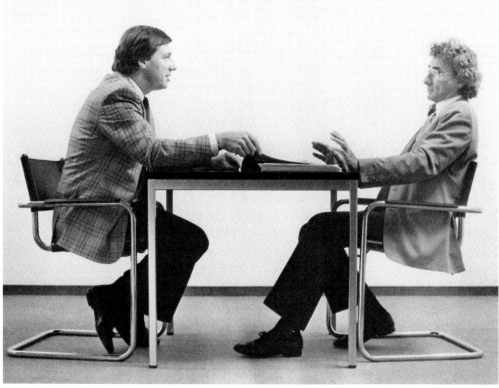

Deutliche Abneigung prägt meine Haltung, wenn der Partner mir etwas vorblättert, statt mich zur Aktion einzuladen.

105

nigen. Die Rolle des Abnehmers dagegen läßt ihren Inhaber zu einem abwartenden und damit langsameren Rhythmus tendieren.

Zu Beginn eines solchen Gesprächs ist meist nicht viel vom unterschiedlichen oder übereinstimmenden Rhythmus der beiden Partner zu spüren. Und wir gehen in unserem Fall einmal davon aus, daß dem Abnehmer nicht unbedingt etwas angedreht werden soll, was der um keinen Preis haben will. Der Abnehmer ist also durchaus bereit, sich die Argumente des Anbieters anzuhören. Der nimmt die Bereitschaft des anderen dankbar wahr und legt los. Hat er sich vorher über die angemessene Rededauer, das Sprechtempo Gedanken gemacht? In der Mehrzahl der Fälle existiert ein gedankliches, argumentatives Konzept, und das läßt sich niemand gern freiwillig über den Haufen werfen.

Hier ist noch nicht vom Angleichen an den Rhythmus des anderen die Rede und auch nicht von dem Versuch, ihn in den eigenen Rhythmus hereinzuziehen, sondern nur davon, ob das Konzept den Anbieter hindert oder nicht, Rhythmus-veränderungen beim Partner wahrzunehmen und auf sie durch ausgleichenden Rhythmus zu reagieren.

Fährt der Abnehmer fort, durch leichtes Nicken seine Zustimmung oder Aufmerksamkeit zu bekunden, bleibt seine Körperhaltung offen oder zugeneigt? Oder beginnt sein Blick zu flattern, zu fliehen? Verschränkt er auf einmal die Arme und lehnt sich zurück, ist damit schon ausgestiegen, hat schon auf das Angebot geantwortet, ohne den Mund aufgemacht zu haben?

Der Wille, doch noch überzeugen zu wollen, und zwar nach dem vorgefaßten Konzept, wird nichts fruchten: weil hier kein Dialog stattfindet, sondern ein einseitiger Anschlag, der einer Vergewaltigung gleicht. Es bedarf der Antwort auf das eben vom Abnehmer ausgesandte Gefühlssignal. Finden wir so zum Dialog zurück, ist das Ergebnis eine Veränderung des Standpunkts, eine Veränderung der Sicht (des Aspekts) und eine Rhythmusveränderung. Sinn eines Dialogs sollte stets die annehmbare Veränderung beider Standpunkte sein.

Auch positive Signale im Sinn seiner Zielvorstellungen kann der Anbieter verpassen, wenn er, ohne nach rechts oder links zu blicken, nur seinem Konzept folgt. Bei einer bestimmten Wendung des Gesprächs neigt sich der Abnehmer nach vorn, deutlich ein Zeichen der Zustimmung, der – wörtlich genommenen – Zuneigung. Diese Gelegenheit vorübergehen zu lassen, hieße, eine Möglichkeit des Handelns sträflich zu übersehen. Jetzt gilt es zuzugreifen, den Vorschlag, den man macht, zu konkretisieren. Das ist der Augenblick, dem Abnehmer etwas in die Hand zu geben: das Angebot, die Skizze, notfalls den Prospekt. Zuneigung ist das Signal zum Handeln, wobei wir uns des Zusammenhangs von Körpersprache und verbaler Sprache bewußt bleiben sollten. Handeln kommt von Hand. Es ist an der Zeit, daß der Anbieter seinen Vorschlag greifbar macht.

Wer auf das Signal des anderen bewußt reagiert, kommt mit ihm in einen Dialog, vermittelt ihm zugleich das Gefühl, verstanden worden zu sein – wobei der Verstand, die Ratio also, nicht die geringste Rolle spielt. Er fühlt Verständnis und ist bereit, entgegenzukommen. Auch dieses Entgegenkommen ist physisch deut-lich. Verpaßt der Anbieter den richtigen Moment, weil ihm das Signal entgangen ist, werden Signale des Mißvergnügens auf der anderen Seite nicht lange auf sich warten lassen. Anstelle sich verstanden zu fühlen, empfindet man sich als mißverstanden, die ausgedrückte Bereitschaft als abgewiesen. Es stimmt etwas nicht mehr zwischen den Partnern. Das Schließen (Überkreuzen) der Arme über der Brust verkündet nun das Ende der Bereitschaft, zu handeln.

Selbstverständlich signalisiert auch der Anbieter permanent durch körpersprachliche Zeichen seine Gefühle und damit oft seine verborgenen Absichten. Seine Zielgerichtetheit, sein Eifer lassen ihn häufig geradezu zum Idealobjekt der Beobachtung unwillkürlichen, also körpersprachlichen Ausdrucks werden. Er macht ein Angebot, seine Hände jedoch sind nicht geöffnet; er hindert damit den anderen, zuzugreifen. Schon schließt der Abnehmer auf ein unseriöses Angebot, da nicht alles auf dem Tisch offengelegt wurde. Ganz typisch sind dafür Bewegungen des Anbieters, die statt Geben (Ware, Idee, Arbeitskraft) Nehmen (Profit, Honorar, Gehaltserhöhung) ausdrücken. Die Bewegungen öffnen sich in solchen Fällen nicht dem Abnehmer, sondern weisen auf den Anbieter selbst zurück.

Genauso schwer, wie aus einer brillanten Argumentation auszusteigen, fällt es vielen Menschen, sich dem anderen und seinen oft wirklich leicht zu dechiffrierenden Signalen zu öffnen. Das hängt zum einen mit dem erwähnten Einbezogensein des Beobachters zusammen, die eine objektive Sicht ausschließt und uns sehen läßt, was unseren Vorstellungen entspricht. Zum anderen sind viele Menschen mit der eigenen Selbstdarstellung und noch mehr mit dem Konzept in ihrem Kopf so ausreichend beschäftigt, daß kein Raum mehr für Beobachtung bleibt und damit auch keine Möglichkeit für einen Dialog. Wie oft spürt der Redner, also der, der etwas zu erklären, anzubieten, darzustellen hat, daß er den Kontakt zu seinem Gegenüber verliert, daß er es in seiner selbstbefriedigenden Eloquenz sogar ausschließt, über es hinweg, an ihm vorbei redet? Spürt er es, ist es oft schon zu spät. Der andere hat sich zurückgezogen, seine Hände schließen sich zur Barriere, der Blick wird unbeweglich. Der Anbieter hat auf die Gefühlssignale des Abnehmers nicht reagiert, und dieser empfindet das als Liebesentzug.

Konzepte dürfen nicht zu Fesseln werden, sie sollen Stützen sein. Viele Menschen haben Angst, ihr Konzept zu verlassen, die Stellung und damit die Stellungnahme zu verändern. Wer sich als Anbieter neben seiner Argumentation auf eine generelle Zeichengebung beim Abnehmer konzentrieren kann, hat viel gewonnen.

Konzepte haben mit Plänen eines gemein, sie sind ein ungesicherter Zugriff auf die Zukunft. Sie haben immer etwas mit Hellseherei zu tun. Schaute man früher in die Glaskugel, schauen wir heute auf quadratische Scheiben. Die Erfahrungen der Vergangenheit lassen auf die Zukunft schließen.

Der Plan für einen Dialog, eine Besprechung, eine Verhandlung läßt sich mit dem für die Fahrt von Zuhause ins Büro, in die Praxis, zum Arbeitsplatz vergleichen. Wir kennen den Weg, kennen unser Auto, haben Benzin- und Ölstand geprüft, wollen fünfzig Stundenkilometer fahren. Alles geplant. Wir fahren los und treffen auf eine rote Ampel. Wer plant rote Ampeln ein, und wenn ja, wie viele?

Seite 108/109
Der Kunde (links) hält sich zurück. Der Anbieter (rechts) argumentiert eingleisig, sein erhobener linker Fußballen deutet auf Gefühlsblockade (Bild oben links). Das Vorrücken des Kunden täuscht (Bild oben Mitte), denn mit den Händen hält er sich vom Tisch entfernt und verschließt sich sogleich (Bild oben rechts und unten links), sperrt sich mit beiden Armen vor der Information. Die gefalteten Hände auf dem Papier zeigen: Über diesen Inhalt bin ich nicht bereit weiterzureden, solange der Anbieter seine Information »unter den Handflächen verdeckt« hält, das heißt, nicht damit herausrückt (Bild unten Mitte). Endlich öffnet sich der Anbieter (Bild unten rechts), breitet die Hände aus (Ich habe nichts zu verstecken!) und, o Wunder, beide lächeln. Der Dialog kann beginnen.

»Mach dir nur ein' Plan ...«

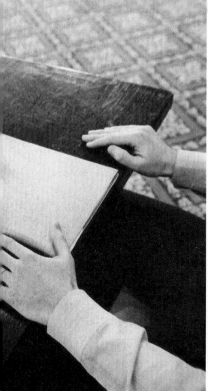

Alle? Wir haben mehrere Möglichkeiten. Da die rote Ampel nicht in unserem Plan steht, ignorieren wir sie. Das Strafmandat ist uns sicher. Die Fahrt geht weiter: Umleitung (alle Umleitungen werden nachts gebaut). Die Umleitung steht nicht in unserem Plan. Fahren wir weiter, landen wir in der Grube, fahren wir eine Schleife, sind wir nicht mehr in der Zeit. Endlich ist die Straße frei. Um Zeit aufzuholen, fahren wir neunzig Stundenkilometer. Auf der Straße begegnet uns eine Gruppe Jugendlicher. Fahren wir hindurch? Hupen wir wie wild? Respektieren wir sie?

Die Analogie zu dieser Verkehrszeichen-Geschichte für den Dialog liegt auf der Hand: Wir wissen, was wir wollen, kennen unsere Mittel und können davon ausgehen, daß der andere interessiert ist. Wir beginnen zu argumentieren. Der andere preßt die Lippen fest aufeinander oder zieht sich zurück: rote Ampel! Ignorieren wir das Signal, kommt die Strafe früher oder später. Der andere wird sich bewußt oder unbewußt für die Mißachtung seines Gefühls rächen. Beachten wir das Signal, müssen wir klären, warum er auf Rot geschaltet hat. Wir reden weiter, da beginnt er, Gegenstände auf dem Tisch zu verschieben, Ausweichbewegungen im Sitzen zu machen: Umleitung! Seine Unruhe zu klären, bedeutet gleichsam, eine Schleife zu fahren. Das kostet vielleicht etwas Zeit, bringt uns aber nicht vom Ziel ab. Die unerwartet auftauchende Gruppe Jugendlicher schließlich in unserem Verkehrslehrgang sind in der Gesprächssituation die unvorhergesehenen Veränderungen in der Institution, der Firma, der Person, mit der wir es zu tun haben. Durchzufahren ist immer die falsche Methode, es gilt zu reagieren. Im Einzelgespräch heißt das: Folgt der andere oder folgt er nicht mehr? Es ist der Bewegungs- und Sprechrhythmus des anderen, der die Antwort gibt. Jede Rhythmusveränderung zeigt eine Veränderung der Aufnahmebereitschaft beim Abnehmer an. Solange er schweigt und nicht mit deutlichen körpersprachlichen Zeichen reagiert, ist es gar nicht so leicht, seinen Rhythmus, auf den sich der Anbieter einstellen will, herauszufinden. Er ist gut beraten, den eigenen Redefluß gelegentlich zu unterbrechen und den Abnehmer durch eine Frage zur Aktion zu bewegen. Damit tritt auch dessen habitueller Rhythmus zutage.

Einen anderen im Gespräch zu Wort kommen zu lassen, ist nicht nur eine Grundregel des Dialogs aus rationaler Taktik oder aus mentaler Fairneß, sondern tut überdies seine Wirkung als Gefühlsventil. Wie schnell fühlt sich einer überrannt, wie schnell wandeln sich Fragen, die einer auf den Lippen hatte und nicht stellen konnte, zu einem Gefühlsstau. Wir sehen es bildlich vor uns, wie einer den Mund auf- und zumacht wie ein Karpfen, als müsse er nach Luft schnappen. Dabei wollte er nur ein paar Fragen stellen. Aber der andere merkte es nicht oder wollte es nicht merken, weil er glaubte, seine Argumente durchbringen zu müssen, und nicht souverän genug war, einen fremden Gedanken, den er als Umweg auf der Route zu seinem eigenen Ziel empfand, zuzulassen. Dabei wäre er möglicherweise gerade auf diesem Umweg, wenn noch nicht zu seinem Ziel, so doch in die Sympathie des Gesprächspartners gelangt. Und Sympathie ist das schnellste Transportmittel der Welt für den Gedankentransfer. Denken wir an das, was man physikalisch über Gleichklang und Energieverbrauch herausgefunden hat.

Anpassen oder nicht anpassen, das ist hier die Frage.

Zuviel Anpassung?

Jede Kreatur überlebt nur durch Anpassung an neue Gegebenheiten. Im ersten Teil dieses Buchs habe ich im Zusammenhang mit dem Thema »Der einzelne und die Gruppe« davon gesprochen, daß die Gruppe Geborgenheit bietet und Genuß verspricht und dafür Anpassung verlangt. Totale Anpassung, das heißt Unterwerfung, honoriert die Gruppe allerdings nicht. Wer sich selbst aufgibt, hat auch für die Gruppe keinen Wert mehr.

Wer keinen Standpunkt vertritt, läßt den anderen ins Leere laufen, in Orientierungslosigkeit. Die darauf folgende Reaktion ist häufig stolze Aggressivität, die uns zur Stellungnahme zwingen will. Ein berühmtes Beispiel ist die sich selbstlos gebende Ehefrau oder Mutter, die auf diese Weise Mann und Kinder immer von neuem provoziert und daraus den falschen Schluß zieht, noch mehr von sich selbst aufgeben zu müssen, anstatt endlich Stellung zu beziehen. In der Berufssituation gibt es viele Pendants zu solchem Verhalten.

Auch dies läßt sich körperlich leicht nachvollziehen. Zwei Personen legen die Handflächen einer Hand gegeneinander und versuchen, dem anderen mit leichtem Druck zu begegnen. Erhöht einer den Druck, und der andere gibt ohne irgendeinen Gegendruck nach, fällt der erste ins Leere, was ihn in kürzester Zeit dazu bringt, die Hand zurückzuziehen (Liebesentzug). Noch schlimmer ist es, wenn der eine den Druck zunächst verstärkt, dann aber die Hand zurückzieht, bevor der andere zum Gegendruck kommt. Ebenso unangenehm wirkt es, wenn der eine durch starken Druck und Gelenkblockade den Gegendruck des anderen sperrt.

Seite 112/113
Die Bildfolge zeigt die Wirkung
von Druck und Gegendruck,
Anpassung und Selbstbehauptung.
Wir legen die Hände gegen-
einander. Meine Partnerin ist ganz
auf den Vorgang der Verbindung
konzentriert (oben links).
Ich schaue sie an (oben Mitte).
Sie drückt daraufhin heftig,
mein Kinn hebt sich
(Ich habe keine Angst vor dir!).
Nur wenn beide drücken und
nachgeben, entwickelt sich ein
dynamischer Prozeß. Ich blockiere
durch Gegendruck (oben rechts).
Die linke Hand ist offen
(Was sagst du jetzt?).
Sie beißt die Zähne zusammen.
Mein ausgestreckter Arm schließt
jedes Geben und Nehmen aus
(unten links). Sie möchte ihren
Ärger ausspucken.
Ich aber gebe nach (unten Mitte).
Die linke Hand sagt: Schau, wie
nett ich bin!
Doch sie will sich noch rächen und
blockiert genüßlich die Bewegung
(unten rechts). Trotz ihres
Lächelns baut sich bei mir sichtbar
wieder Spannung auf.

Dagegen spüren wir sofort, wie angenehm und inspirierend das elastische Spiel von Druck und Gegendruck auf uns wirkt, wenn es eine bewußte Wechselbewegung ist, bei der die Handflächen nie den Kontakt verlieren. Das ist der Weg in den Dialog.

Ich erinnere daran, weil auch für die Gesprächssituation dieselben Gesetze gelten. Rhythmusausgleich ist natürlich auch Anpassung. Und in der typischen Anbieter-Abnehmer-Situation wird meist der Anbieter die Anpassung vollziehen. Es gibt jedoch eine Grenze, von der an Anpassung dem Erreichen des gesteckten Ziels schädlich sein kann. Jeder von uns will verstanden sein, jeder Mensch verträgt ein gutes Maß an Schmeichelei. Damit soll nicht gesagt sein, daß ein Eingehen auf die Gefühle (Rhythmus) des anderen als Schmeichelei denunziert wird. Jeder wünscht sich jedoch ein Gegenüber, das er ernst nehmen kann. Unsere Gefühle werden verletzt von einem Gesprächspartner, der nicht uns zuliebe entgegenkommend ist. Wie oft ist zu hören: Das ist kein Partner für mich (ganz abgesehen vom Gegner). Auch Kontrahenten können Respekt voreinander empfinden. Und wenn man auch nicht der Devise: Nur keinen Streit vermeiden! huldigen sollte, ist der Vorsatz, Streit um jeden Preis zu vermeiden, ebenso fragwürdig. Wer etwas anzubieten hat, etwas verkaufen will, wird keinen Streit vom Zaun brechen, aber er muß nicht ängstlich die Auseinandersetzung scheuen. Aggressivität muß nicht unbedingt unterlaufen werden. Kommen beide Partner zum Zug, kann Streit (Kampfspiel) durchaus die Atmosphäre klären, Gefühle freisetzen, die gestaut zum Scheitern des Gesprächs durch Rückzug des einen oder anderen Partners führen würden. Wenn zwei sich raufen, kann sich darin ein positiver, das heißt zielgünstiger dynamischer Prozeß darstellen, wodurch beide einen akzeptablen neuen Standpunkt finden. Die gestaute Aggressivität führt entweder zu einem einseitigen, nutzlosen Gefühlsausbruch oder zu einem regressiven Prozeß, der in der Verweigerung sein Ende findet. Das, was ich Liebesentzug genannt habe, läßt dem Partner keine Chance.

Rhythmuswechsel führt zur Veränderung der Stellungnahme

Typische Situationen in Berufs-, Familien- und Gesellschaftsalltag lassen sich ohne allzuviel Realitätsverlust nachspielen. Auch in meinen Seminaren benutzte ich diese Form der Demonstrationsspiele, die immer zugleich Selbsterfahrungsspiele sind.

Das Spiel beginnt schon vor dem Spiel, bevor nämlich die darzustellende Situation anfängt. Zu einem Gespräch wird als Requisit (Arbeitsfeld) ein Tisch gewählt. Thema des Gesprächs wird die Frage nach einer Gehaltserhöhung sein, gestellt von einer Sekretärin/Sachbearbeiterin an ihren Abteilungsleiter. Was tut der Seminarteilnehmer, der den Abteilungsleiter spielt, vor Gesprächsbeginn? In dem Beispiel, das ich vor Augen habe, räumt der Betreffende erst einmal alles weg, was zufällig auf dem Tisch liegt. Auch das ist Körpersprache. Ihre Interpretation ist wie so oft ambivalent. Räumt er alles weg, ehe auch nur ein einziges Argument gefallen ist, weil er weiß, es kommt jemand, der etwas haben möchte und a priori nicht nachgeben will? Macht er den Tisch frei, um offen zu sein für die kommende Forderung? Die Rollen- und Rhythmusverteilung in einem solchen Gespräch um höhere Bezüge ist vorprogrammiert. Der Abteilungsleiter ist in etwa derselben Rolle wie der Abnehmer gegenüber dem Anbieter: Er soll ja sagen. Die Mitarbeiterin bietet ihre Leistung an, die sie – in diesem Fall – besser bezahlt haben will. Sie braucht das Ja des Gesprächspartners. Natürlich hat sie ein Konzept, eine Reihe und eine Reihung von Argumenten und beginnt, vom Abteilungsleiter aufgefordert, was es denn gäbe, konzentriert zu sprechen. Konzentriert auf ihr Konzept und nicht auf Ausdruck und Bewegung des Gesprächspartners, dessen übergeduldiges Gesicht ihr längst hätte signalisieren können: Weiß doch längst, was du willst. Auch in diesem Fall verhindert Zielgerichtetsein die Öffnung gegenüber dem Partner. Die Haltung zeigt es, sie hält sich am Tisch und ihr Konzept mit den Händen fest. Sie ist klein und zierlich; er groß und breit wie ein Bär. Solche körperlichen Unterschiede schaffen sofort bestimmte Verhaltensweisen auf der einen wie auf der anderen Seite. Sie fühlt sich seiner körperlichen Übermacht gegenüber unbehaglich, also will sie so schnell wie möglich aus der Bären(Löwen)grube heraus.

Sie spricht schnell und hätte merken sollen, daß dies am behäbigen Rhythmus des anderen abprallt. Solange beide an ihrem jeweiligen Rhythmus festhalten, führt das Gespräch zu nichts. Auf seiten der Mitarbeiterin kommt es zu immer neuen Anläufen, die der Gesprächspartner ignoriert, weil sie seinem Rhythmus zuwiderlaufen. Ihre Redegeschwindigkeit wird noch schneller. Zum physischen Unterschied kommt noch der der sozialen Situation.

An dem Gesprächspartner wäre es jetzt gewesen, die Rolle des bedrohlichen Riesen in die des Beschützers zu verwandeln.

In der Rolle des Bewerbers, Anbieters, Verkäufers zu sein, verführt, wie gesagt, zum schnellen Sprechen mit alledem, was dahintersteht: es hinter sich zu bringen, sich nicht ablenken zu lassen, nicht aus dem Konzept kommen zu wollen. Ein grundsätzlicher Hinweis nützt vielleicht noch der besseren rationalen Durchdringung dieses Vorgangs: Schnell sein heißt, Punkte schnell zu verlassen und zu anderen weiterzueilen. Es kommt aber fast immer darauf an, Punkte auszufüllen. Wer Zeit hat, wird aufgenommen. Haltmachen, um aufgenommen zu werden, kann man leichter bei verlangsamter Fahrt als in vollem Tempo.

Der Rhythmuswechsel, der notwendig ist, wird immer durch eine neue Bewegung ausgelöst, was nicht schwer zu verstehen ist, da Rhythmus selbst Bewegung ist. Diese Bewegung kann durchaus gedanklichen Ursprungs sein, ist es in vielen Fällen. Ein Wort des anderen läßt aufhorchen, und dieses Aufhorchen – selbst eine Bewegung – führt zum Rhythmuswechsel. Eine Bemerkung des einen Partners fordert die Frage des anderen heraus. Fragen erfordert ein anderes rhythmisches Verhalten als Zuhören.

In meinem Beispiel hatte die Mitarbeiterin nach konkreten Hinweisen von mir: Öffne deine Hände während des Gesprächs und sprich langsam in seinem Rhythmus, ihr Ziel erreicht. Durch die Öffnung ihrer geschlossenen Körperhaltung und durch Sprachrhythmusausgleich hatte sie zu einer überraschenden Formulierung gefunden und den Partner zum gedanklichen Ausgleich gebracht. Aus Antragstellerin und Entscheidungsgewaltigem waren in einem guten Sinn

Seite 116/117
Rhythmuswechsel im Bild. Räumt er den Tisch frei (oben links), um offen zu sein fürs Gespräch, oder räumt er noch gar nicht gefallene Argumente beiseite?
Das Gespräch beginnt auf seiten des Partners mit Zurück-Haltung. Das Papier bleibt, wo es ist (oben Mitte).
Der Partner argumentiert, nähert sich aber nicht wirklich dem Tisch (Verhandlungsbasis) (oben rechts).
Ich fordere die junge Dame auf, die Hände zu öffnen, das Papier zum Zweck des Rhythmuswechsels zu benutzen (unten links).
Ihre Bewegung (Öffnung) zieht den Partner förmlich an den Tisch (unten Mitte).
Beider Hände sind offen (unten rechts). Der Dialog beginnt.

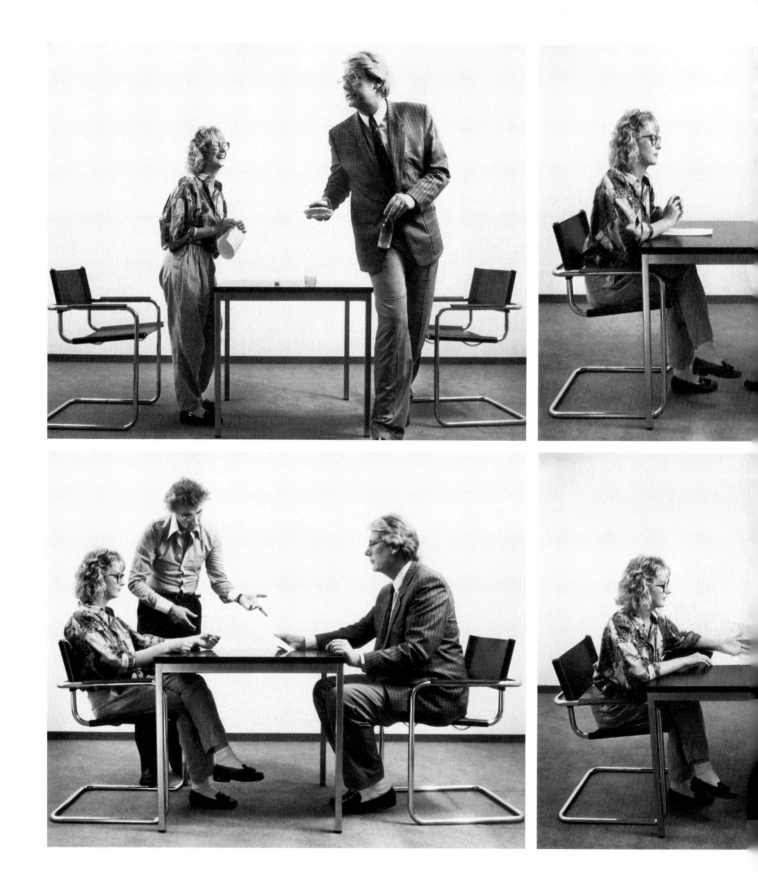

Zwei, die sich so unbeweglich und fern der Gesprächsbasis (Tisch) gegenübersitzen, werden nie zu einem Dialog kommen. Der agierende Partner (links) findet keinen Weg, den anderen aus seiner Unbeweglichkeit zu locken. Seine Hände verstecken (Bild links) Information. Er weist mit dominanter Bewegung auf seine Sache (Bild Mitte), und trotz seiner beschuldigenden Handbewegung (Bild rechts) bleibt der Partner unberührt.

Komplizen, anders gesprochen, Partner geworden, die nun einen gemeinsamen Vorsatz durchführen wollten.

Es ist also nicht gesagt, daß nur die Anpassung an den Rhythmus des anderen zum Einklang führen kann oder dadurch, daß man dem anderen seinen eigenen Rhythmus aufzwingt. Möglich ist auch das Zusammentreffen auf einer Art mittlerem Rhythmus, ebenfalls ein Weg, der in die Sympathie des einen für den anderen führt.

Jeder Rhythmuswechsel vollzieht sich emotional, auslösen können wir ihn durch Atem-, Klang- und Stellungswechsel (körperlich, materiell) und durch Wechsel der Stellungnahme (geistig, rational), deren Zusammenhang, wie dargestellt, außer Frage steht.

Durch eine Modellsituation will ich es noch einmal skizzieren: Der Repräsentant eines kartographischen Unternehmens bietet ein Kartenwerk an, das durch Kombination mit Angaben über Hotels und Restaurants zu einem Handbuch für Handelsvertreter erweitert ist und durch leicht durchführbare Modifikationen den Wünschen eines Großunternehmens entsprechend eingerichtet werden kann.

Der Gesprächsbeginn zeigt, daß die Partner – Großabnehmer und Verkäufer – einander bereits kennen, daß der Kunde an der angekündigten Neuheit interessiert ist. Der Verkäufer beginnt seine Erläuterungen. Auf der verbalen Ebene fällt bald auf, daß er selten von Atlas, Kartenwerk oder Handbuch redet, sondern ständig die Vokabel Produkt im Munde führt. Das heißt: er neutralisiert seinen Gegenstand,

weil er für ihn hinter dem Vorgang des Verkaufens an zweiter Stelle steht. Das wird durch die Bewegung seiner Hände noch einmal deutlich. Die Hände beschreiben keinen Gegenstand, sondern sind nebeneinander auf den Gesprächspartner gerichtet, als bildeten sie eine Spur. Wären die Daumen nach oben gestellt, käme die bekannte Pistolenstellung heraus, wobei der hochgestellte Daumen ein starkes Dominanzinteresse unterstreicht.

Es ist das alte Lied: Die Hände scheinen nicht nur eine Spur zu bilden, sie gestalten körperlich die geistige Spur eines konzeptgefesselten, einspurigen Denkens. Die Spur wird zur Schiene, auf der unser Verkäufer viel zu schnell dahingleitet und die Gefühle des Partners überfährt. Er hätte (sich) viel früher bremsen müssen und hätte es getan, wenn er die Körpersignale des anderen beachtet und für sich richtig gedeutet hätte.

Was war geschehen: Die Augen waren abgeschweift, deutlich hatte sich der Partner zurückgezogen, indem er den Oberkörper zurücklehnte. Spätestens jetzt hätte der Verkäufer herausfinden müssen, warum seiner Spur nicht mehr gefolgt wurde beziehungsweise welche Spur einladend gewesen wäre. Hätte der andere eine andere Spur aufgenommen? Und wenn ja, wo hätten sich beide, die ursprüngliche und die neue Spur, treffen können?

Wer in einer Unterhaltung darauf achtet, welche Hand tätig wird, die linke (Gefühlshand) oder die rechte (Ratiohand), wohin die Augen gehen, folgt dem

Augen-Blicke

Die Zurückhaltung legt Welten zwischen zwei Gesprächspartner.

Zuneigung (wörtlich genommen) erzeugt Aufmerksamkeit.

Pendeln zwischen Ratio und Empfinden, dem wir alle unterliegen. Wo sieht der Partner gerade sein Argument? Im Gefühl, das er von einer Sache hat – Genuß, Erfolg, Ansehen –, oder in der Kalkulation? Beobachten heißt reagieren können. Unterstützen wir unser Gegenüber mit Argumenten aus der richtigen Ebene, kommen wir unserem Ziel näher. Es gibt Augenblicke, in denen es vorteilhaft ist zu sagen: Ist diese Farbe nicht ausgesprochen schön? Und es kann bei geringfügig veränderten Voraussetzungen richtig sein zu sagen: Diese Farbe ist wischfest. Ist unser Mann auf dem Ratiotrip, wird er das zweite Argument honorieren, gründelt er aber gerade im Gefühl, befördern wir ihn damit aus seiner Stimmung.

Jeder will in seiner momentanen Denkweise, in seiner augenblicklichen Wahrnehmungsfähigkeit erkannt werden. Es mag vorkommen, daß es uns ärgert, wenn wir das Gefühl haben müssen, durchschaut worden zu sein. Zum einen ist das eigentlich eher der Fall, wenn wir uns verstellen wollten, und zum anderen ist das grundsätzlich tief in uns verankerte Bedürfnis, verstanden zu werden, um ein Vielfaches größer, als die Furcht, durchschaut (analysiert) werden zu können. Wer möchte nicht, daß man ihm die Wünsche von den Augen abliest?

Ganganalysen

Wir erkennen einen Menschen an seinem Gang. Wir hören jemanden gehen und wissen, wer es ist. Die Art zu gehen ist nicht weniger bezeichnend für einen Menschen, als seine Art zu sprechen. Ist sich der einzelne bewußt, wie er geht? Ist es wissenswert für ihn? Keine Frage: Wir sind alle neugierig auf uns selbst. Man sollte sich darüber hinaus sagen, daß andere uns unter anderem auch nach unserem Gang, unserer Art zu gehen erkennen. Auch die Stimmung läßt sich aus dem Gang eines Menschen ablesen. Auf hundert Meter Entfernung, wenn wir das Gesicht noch nicht sehen können, merken wir am Gang eines Menschen, wie er gelaunt ist. Wem das Herz vor Freude hüpft, schleppt sich nicht dahin wie ein lahmer Ackergaul; wen Sorgen drücken, der kommt nicht wie ein Held gegangen.

Noch einmal: Nehmen wir uns selber wahr? Gehen wir so, wie wir es uns vorstellen, oder stellen wir uns vor, daß wir so gehen, wie wir es uns wünschen?

Jeder weiß, daß es Differenzen zwischen Wunschbild und Realität gibt. Die Frage, was Realität ist, kann hier auf sich beruhen und reduziert werden auf die Frage nach der Vorstellung, die wir von uns haben im Vergleich zu dem Bild, das wir anderen bieten. Wir kommunizieren immer, das gilt auch für unseren Gang. Wir gehen zum Beispiel unter vielen Menschen, und schon wird unsere Haltung, unsere Art zu gehen, eine Stellungnahme. Gefühl und Gedanke haben sich in Bewegung, in Haltung umgesetzt. Wie kommt es, daß dem einen in einer Menschenmenge alle anderen ausweichen, während ein anderer gar nicht voran- käme, wenn er nicht allen anderen auswiche? Es ist unsere eigene Stellungnahme zur Menge, die unser Verhalten wie das der anderen beeinflußt. Natürlich handelt es sich auch dabei um eine Wechselwirkung. Sie läßt sich spielerisch nachvoll- ziehen. Ich fordere einen anderen auf, auf mich zuzurennen und weiche ihm erst im letzten Augenblick aus, und zwar wiederholt. Ist der andere von beweglichem Geist, was mit Wissen oder Nichtwissen nichts zu tun haben muß, und bewegli- chem Körper, wird wie von selbst ein Spiel daraus, ein Spiel, das von der Lust am Risiko lebt und von dem Vergnügen an der Geschicklichkeit. Vor allem aber hat der Partner meine Herausforderung angenommen, das Spiel akzeptiert, und wir befinden uns in Einklang. Ein anderer Partner kann das ganze Spiel verändern. Ist er weniger beweglich, wird er versuchen, die Beweglichkeit des anderen zu blok- kieren. Auch daraus kann ein Spiel werden, aber es ist unter den neuen Vorausset- zungen schwieriger, miteinander in Einklang zu kommen. Warum? Wir haben Rhythmusdifferenzen. Unsere körperliche Reaktion offenbart, wie wir zueinander stehen. Der eine rennt frontal auf den anderen zu, er weicht nicht von seiner Spur ab, eher bricht er sich die Nase oder rennt den anderen um. Der andere ist auf Ausweichen eingestellt.

Gehen als Ausdruck der Persönlichkeit

Die eigene Stellung ist stets am schwersten wahrzunehmen. Gerade stehen beispielsweise ist ein durchaus subjektives Gefühl. Objektiv heißt Geradestehen eine gerade Linie, die vom Becken über die Schulter zum Ohr reicht, zu bilden. In meinen Seminaren über Körpersprache mache ich mit einigen Teilnehmern den Versuch, sie gerade zu stellen, das heißt, ich fordere sie auf, sich gerade hinzustellen, und verändere ihre Haltung dann zu einer objektiven Geraden. Was ich damit bewirken will? Ich demonstriere damit die Subjektivität von Haltungen. Denn in dem Augenblick, in dem sie sich in ihre normale Haltung zurückfallen lassen, läßt sich an der Veränderung, die sich vollzieht, wahrnehmen, was ihre übliche Haltung (Stellungnahme) aussagt. Wahrnehmung ist nur durch Vergleich möglich, wie ich schon erwähnt habe. Der eine läßt den Oberkörper und die Schultern fallen (macht sich kleiner), außerdem schiebt er den Oberkörper leicht zur Seite (weicht aus) – um keine Zielscheibe abzugeben oder als taktische Geste? Beide Bewegungen passen zusammen. Der Betreffende will nicht dominierend wirken und denkt, seine Ziele auch anders als durch Konfrontation erreichen zu können.

Er kann mehr, als er vorgibt zu können, zumindest glaubt er es. Er will kein Aufsehen erregen, das heißt, man darf ihn nicht in den Vordergrund schieben oder von ihm eine direkte Stellungnahme erwarten. Nur die Erfahrung kann uns lehren, was sein »Wir werden sehen« und sein »Vielleicht« wert ist. Jeder Druck unsererseits würde seine Ausweichbewegungen verstärken. Also müssen wir seine »offenen« Antworten akzeptieren.

Dynamik und Elastizität zeigen sich im Spiel des Aufeinanderzurennens. Die Körperhaltung verrät die Beweglichkeit von Reaktionen. Die junge Dame (Bild links und rechts) nimmt das Spiel auf. Mein männlicher Partner (Bild Mitte) geht in eine defensive Position.

Ein zweiter, der gleichfalls die Tendenz zeigt, sich kleiner zu machen als er ist, schüttelt zugleich die Hände aus (Befreiung vom Zwang oder von Handlungen, die er nicht ausführen will) und stellt sich, seiner habituellen Haltung gemäß, auf die Fersen, was auf einen vorsichtigen Menschen weist, der sein Kapital (Potential) nicht riskiert, sondern zurückhält. Seine Art zu stehen, übersetzt seine Stellungnahme, seine Einstellung zu den Dingen. Erkennen wir ein solches Zeichen, können wir darauf reagieren. Im zweiten Fall, in dem die Stellung auf beharrende Mentalität schließen läßt, werden wir unsere Argumentation für etwas Neues mit dem Bekannten beginnen und das Neue langsam einfließen lassen. Hier ist der Umkehrschluß erlaubt: Bei einem Partner, der betont auf den Fußballen steht (meist ist er schon halb in Bewegung), werden wir, seiner Risikofreudigkeit entsprechend (er schiebt sich selbst mit den Schultern nach vorn), die Neuartigkeit des Neuen betonen.

Mehr oder weniger heftiges Wippen deutet auf einen Entscheidungsprozeß zwischen Gefühl und Ratio.

Dieser Partner wird jeden Vorschlag annehmen, der sein Kapital oder seine Position nicht gefährdet, gleichgültig, ob der mögliche Gewinn klein oder groß ist. Er wird nicht Stellung nehmen, wenn er sich damit in Gefahr bringt. Worte wie Risikoabdeckung oder Rückversicherung finden bei ihm ein offenes Ohr.

Jede Entscheidung bedeutet Verzicht. Tue ich etwas, verzichte ich auf etwas anderes. Es gilt, Prioritäten zu setzen.

Kleine Schritte – große Schritte

Es gibt kein richtiges oder falsches Schrittmaß. Es gibt nur ein dem persönlichen Rhythmus angepaßtes Gehen. Da wir die Eigenschaft der Dinge nur durch Unterschiede wahrnehmen, ist es nicht unnütz, einmal an sich selbst auszuprobieren, wie unser Empfinden reagiert, unsere Befindlichkeit sich verändert, je nachdem, ob wir kleine Schritte machen oder große, immer gemessen am gewohnten Schritt. Zu den Schritten kommt die Bewegung der Arme. Jeder spürt die Veränderung in Denken und Fühlen, wenn er, statt seine Arme einer schwingenden Bewegung zu überlassen, sie im Gehen unbeweglich herabhängen läßt. Und wie steht es mit dem Vorankommen, wenn wir in der schwingenden Bewegung der Arme die Handrücken nach vorn drehen? Sind wir gleich schnell wie vorher? Was geschieht in uns, wenn wir im Gehen den Nacken bewegen, um die Umgebung bewußt aufnehmen zu können, was hat es für eine Wirkung auf unser Gehtempo? Vermutlich wird es sich verlangsamen. Verstärken wir die Bewegung, bewegen die Schultern so, daß der Gang schwingend wird, und denken nun an das Problem, das uns gerade beschäftigt hat, was geschieht? Bedarf das Problem einer Lösung? Sind Probleme überhaupt noch Probleme? Man muß solche Bewegungsunterschiede an sich selbst testen, um sich davon zu überzeugen, daß sie greifen, daß sich mit ihnen tatsächlich an unserer Sicht der Dinge etwas ändert, nicht nur etwas, sondern Entscheidendes. Beißen wir im Gehen die Zähne zusammen, adaptiert der Körper

Linke Seite
Kleine Veränderung am Gang. Schon durch eine kleine Fingerberührung verändert sich die Haltung der Teilnehmerin und damit die innere und äußere Empfindung.

Rechte Seite
Die genießerische Zungenbewegung setzt sich durch den ganzen Körper fort. Die Arme schwingen gelöst, das Becken ist locker. Erst im Gehen zeigt sich der Zusammenhang von Initialbewegung und Koordination.

diese Bewegung durch den Aufbau eines Muskelpanzers, während sich mit der Bewegung des genüßlichen Lippenleckens das Becken lockert.

Kleine Schritte als habituelle Gangart deuten darauf hin, daß einem Details wichtig sind, ein klares Konzept benötigt wird, das heißt, daß die Realität Schritt für Schritt zu überprüfen ist, das Überspringen eines Details jedoch den Gang unsicher macht. Ordnung ist für diesen Typ das ganze Leben. Angebote ohne Details gelten ihm als unseriös, spekulativ und unausgegoren. Einem Herrn Kleinschritt gegenüber wird es ratsam sein, im Gespräch auf den Experten zu verweisen, der alle Details kennt und erklären kann. Ist die Wichtigkeit von Details anerkannt, sein Standpunkt also nicht ignoriert, wird mit ihm zu reden sein.

Große Schritte dagegen kennzeichnen einen Menschen, der Details zu überspringen gewohnt ist, der vom einzelnen auf das Ganze schließt, ohne alle Schritte selbst mitmachen zu wollen. Ordnung ist für ihn höchstens das halbe Leben, Vorstellung ist alles. Ihn sollte Herr Kleinschritt nicht mit Details ermüden, sondern ihn fragen, wer denn in seinem Haus diese beurteile.

Wir werden den Menschen mit dem habituell kleinen Schritt kaum in eine Planungs- und Strategieposition stellen und den mit dem großen Schritt kaum ins Rechnungswesen, und das bei gleicher Intelligenz und fachlicher Kompetenz.

Unabhängig von großem oder kleinem Schritt erkennen wir am beschwingten Gang den Menschen, der in der Lage sein könnte, Spannungen zu lösen, indem er Probleme durch eine dem Gang entsprechende Geisteshaltung aufzulösen versteht. Er nimmt sie, wörtlich zu verstehen, auf die leichte Schulter.

Die Anlagen eines Menschen, durch Geburt und Erziehung, Selbsterlebnis und Erfahrung gefördert oder unterdrückt, spiegeln sich in seinen Gehbewegungen.

Freie und gehaltene Geh-Bewegungen

Bewegliche Arme zeigen die Lust zu handeln an. Soldaten lernen beim Marschieren, die Arme weit vom Körper wegzuschwingen. Die Aktion hat weiterzugehen, der Gedanke, daß die Arme den Leib schützen könnten, wird so ausgetrieben. Umgekehrt ist der angelegte Oberarm eine Schutzgeste. Für die Beurteilung einer Person bedeutet das: Von ihm ist viel zu erwarten, alles zu verlangen, solange er sich in Sicherheit fühlt; solange er seine Deckung, also seinen Status, seinen Platz in der Welt, der Firma, der Familie, nicht gefährdet sieht, wird er Entgegenkommen zeigen. Ist diese Sicherheit in Gefahr, macht er die Schotten dicht.

Freie Bewegung der Arme im Gehen dagegen zeigt an, daß einer die Aktion liebt und sie will, auch ohne sich seiner Deckung, eines Schutzes, seiner Position ganz sicher zu sein. Begegnen wir diesem Typ, heißt es, sich nicht lange bei der Theorie aufzuhalten, sondern schnell zum Handeln zu kommen. Der Rest ergibt sich während der Arbeit.

Was es mit den nach vorn gedrehten Handrücken auf sich hat, ist natürlich nicht mit dem Hinweis zu beantworten, daß es die Geschwindigkeit des Gehens bremst. Wer einmal darauf achtet, was rein physisch geschieht, wenn er im Gehen die Handrücken nach vorn dreht, wird feststellen, daß Schultern und Becken blockiert werden: Es wird eine Hemmung produziert, die leichtes,

Der Gang des Soldaten (links) läßt den Körper ungeschützt. Wer so geht, ist risikofreudig. Knappe Armbewegungen beim Gehen (rechts) drücken Zurückhaltung und Vorsicht aus.

Schutzbedürfnis ist im Spiel, wenn die Bewegung auf den Unterarm beschränkt ist und aus dem Ellenbogen kommt (links); wie beim Boxer (rechts) wird der Brustkorb abgedeckt.

Die nach vorn gerichteten Handrücken schützen die sensible Innenseite der Hände. Geben fällt ebenso schwer wie Nehmen. Informationen sind Mangelware, Herrschaftswissen wird gespeichert, nicht vergeudet.

unkontrolliertes Gehen verhindert. Sinnfällig ist zugleich, daß wir mit den nach vorn gewendeten Handrücken die sensible Seite der Hand schützen, die Seite, die darauf eingerichtet ist, Informationen zu empfangen und zu geben. Ein Mensch, der so geht, ist sicher nicht redselig, er hält mit Informationen zurück, bewegt sich vorsichtig durchs Leben. Auf vielen dokumentarischen Filmaufnahmen ist zu sehen, daß die sowjetische Führungsspitze sich in dieser Haltung bewegte, und diejenigen, die so gingen, haben meist in ihren Ämtern überlebt. Also waren Haltung und Verhalten für sie richtig. Die Öffnung zur Kommunikation, die sich in der Sowjetunion anbahnt, wird Einfluß darauf haben, ob sich auch die Körperhaltung ändert. Sollten wir ein neues Bild sehen, wird sich die propagierte neue Offenheit tatsächlich institutionalisiert haben.

Übrigens muß der nach vorn gedrehte Handrücken keineswegs Informationsverweigerung signalisieren. Menschen, deren habituelle Gangart sich derart manifestiert, sind in der Regel nur nicht bereit, willens oder fähig, von sich aus Informationen weiterzugeben. Will einer etwas von ihnen wissen, muß er fragen und wird nicht mehr hören als das, wonach er gefragt hat. Das kann natürlich auch ein Zeichen dafür sein, daß wir jemanden vor uns haben, der Wissen hortet, um es als Vorsprung vor anderen zu gegebener Zeit nutzen zu können. Die Formel dafür heißt Aneignung von Herrschaftswissen. Es gehört in jedem Betrieb, in jeder Institution, in jeder Gruppe zur täglich geübten Praxis. Ein einzelner will sich Privilegien verschaffen, versucht, durch Informationsvorsprung die Gruppe zu dominieren. Manchmal fügt sich die Gruppe, manchmal wehrt sie sich. Gut oder schlecht? Mechanismen, die durch die Spannung zwischen dem einzelnen und der Gruppe ausgelöst werden und deren Wirkung sich auf den Menschen in Persönlichkeitsmerkmalen niederschlägt.

Im Gehen offenbaren wir viel von uns und eben nicht nur von unseren Anlagen, sondern von unserer Mentalität, unserer Denkungsart. Wie schnell wir diese, jedenfalls für den Augenblick, in dem wir uns von unserem habituellen körperlichen Verhalten lösen, verändern, zeigt ein einfaches Experiment, das, in der Gruppe angestellt, die deutlichsten Ergebnisse zeitigt: Eine Anzahl von Menschen geht durch einen Raum, jeder in der Art, in der er zu gehen gewöhnt ist. Man fordert sie auf, während des Gehens die Zunge genüßlich über die Lippen zu bewegen, und alle beginnen befreit zu lachen. Es spielt keine Rolle, ob Verlegenheit über die ungewohnt freie Gehweise zu den Ursachen des Lachens gehört; es ist die Körperbewegung, von der es ausgelöst wird: Man sieht die Dinge von der schmackhaften Seite.

Niemand dagegen fühlt sich zum Lachen ermuntert unter der Maßgabe, den Nacken steif zu halten. Es gibt viele Menschen mit unbeweglichem Nacken, eine Haltung, die durch ruckartige Kopfbewegungen noch unterstrichen werden kann. Ich nenne solche Personen Schienenmenschen, was nicht ausschließt, daß Schienen ein Netz bilden können. Sein Blick ist aufs Ziel gerichtet; jeder Seitenblick stellt für ihn eine Ablenkung dar; er bewegt sich direkt auf sein Ziel zu. Zwar kann er in jede Richtung gehen, aber Ziel und Fahrplan (Konzept) müssen zuvor festgelegt sein. Auch diese Haltung ist eine aus Anlagen, Erziehung und Erfahrungen erworbene Eigenschaft, weder gut noch böse, richtig oder falsch. Wir wollen nur wissen, was wir aus dieser Haltung zu schließen, was wir von einem solchen Menschen zu erwarten haben. Für ihn ist Planung wichtig und Improvisation irritierend. Von ihm als Mitarbeiter läßt sich viel verlangen, wenn es rechtzeitig besprochen worden ist. Als Verhandlungspartner verlangt er einen Gesprächsfahrplan, er ist der Mann der Tagesordnungen. Er hält sich an Abmachungen und erwartet vom anderen dasselbe. Er arbeitet systematisch und verlangt Systematik, Nebeninformationen werden als störend empfunden, Abschweifungen machen ihn nervös. Ihm gestellte Aufgaben wird er korrekt und schnell (da er sich nicht ablenken läßt) erfüllen.

Menschen mit beweglichem Nacken sind meist nicht gleichermaßen zielgerichtet und auch nicht so schnell. Wer etwas hin und her bedenkt, braucht Zeit. Information ist ihm ein Bedürfnis. Erhält er als Kunde nur einen Vorschlag, geht er zur Konkurrenz, einfach aus Neugier. Man sollte ihn mit einem Informations*paket* versorgen und mit ihm gemeinsam bestimmen, was geeignet für ihn ist.

Wer neugierig ist und aufgeschlossen für viele Informationen und Nebenwege daraufhin abgeht, ob sie vielleicht doch Sackgassen sein könnten, kommt langsam ans Ziel. Es ist kein Zufall, daß zu einem beweglichen Nacken ein langsamerer Gang gehört als zu einem gehaltenen Nacken. Natürlich, wer sich umsehen will, darf nicht sprinten. Wer dieselbe Strecke im Auto, auf dem Fahrrad oder zu Fuß zurücklegt, wird feststellen, daß ein unmittelbarer Zusammenhang zwischen Tempo und Informationsvielfalt besteht: Schnelligkeit kostet Information.

Fünf Kurzanalysen

Die Beispiele sind nicht konstruiert, um Unterschiede und Gegensätze von ihnen abzuleiten, sondern der praktischen Seminararbeit entnommen. Die Analysen wurden von den Teilnehmern bestätigt. Dabei kommt die Deutung der von archäologischen Funden gleich: Drei bis vier Elemente müssen genügen, um auf das Ganze zu schließen, etwa ein Gefäß zu rekonstruieren.

I

A macht große Schritte, seine Arme sind beweglich, wobei der rechte Arm eine Rückwärtstendenz zeigt. Die Schultern schieben leicht nach vorn. Der Wendepunkt am Ende jeder Bahn ist deutlich ausgeprägt. Zuerst kommt die schiebende Bewegung der Schultern, dann folgt der Schritt. Während des Gehens vollführt der Fuß einen leichten Knick in die Höhe, der linke stärker als der rechte. A schaut von Zeit zu Zeit nach links und rechts.

Der relativ lange Schritt deutet darauf hin, daß A sich nicht gerne bei Details aufhält, sondern die Aktion liebt und – die beweglichen, etwas vom Körper wegschwingenden Bewegungen der Hände zeigen es – Aktionsraum braucht und hinderliche Dinge (Argumente) gern einfach wegschiebt. Die Rückwärtstendenz des rechten Arms zeigt, daß A es bevorzugt, die sachlichen Fragen hinter sich zu haben. Die rechte Hand läßt Erledigtes betont hinter sich. Im Rhythmus: Das habe ich erledigt, das habe ich erledigt usw., usw. Geht beim Wendepunkt die linke Hand nach vorn, und zwar vor den Körper, handelt es sich um eine gefühlsmäßige

Der große Schritt zeigt Unternehmungslust. Die rechte Hand wirft Erledigtes hinter sich: Einer, der stets unterwegs ist zum nächsten Ziel.

Trotzdem signalisiert der linke Oberarm Vorsicht und entfernt sich nicht vom Brustkorb.

Der Hinterfuß schiebt den sich weigernden Körper nach vorn. Die verschlossene Haltung des Oberkörpers und der nach vorn gerichtete Handrücken zeigen Zurückhaltung im Widerspruch zu dem entschlossenen, festen Blick.

Schutzgeste. Das Schieben in den Schultern verrät den Entschluß: Es muß gehen – also los. Die Kick-Bewegung, besonders mit dem linken Fuß, läßt sich als Wunsch nach Delegieren deuten: Das machst du, das mache ich, das machst du usw. Die Umcodierung gleicht der Ballabgabe beim Fußball.

2

B zeigt große Schritte, in den Schultern bewegte Arme, deutlichen Fersengang, Schritte werden mit Bedacht getan. Die rechte Ferse ist im Auftreten stärker als die linke. Im Unterschied zu A ist kein Wendepunkt am Bahnende auszumachen. B geht deutlich eine Schleife. Der Nacken ist wenig bewegt, der Blick nach vorn gerichtet, so nimmt B nicht wahr, was links oder rechts von seiner (Lauf-)Bahn geschieht.

Diese Art zu gehen spiegelt ein Bedürfnis nach Selbstvergewisserung wider und ist nebenbei gesagt typisch für die westliche Kultur und ihren ausgeprägten Individualismus. Die Ferse »markiert« den Boden, pocht auf Erreichtes und verlangt Anerkennung. Von unserer Hemisphärenabhängigkeit her interpretiert, deutet die Betonung durch die rechte Ferse stärker auf den Wunsch nach konkreter, auch materieller Anerkennung: Geld, einflußreiche Position etc., also nach rationellem, addierbarem Nutzen. Stärkere Betonung der linken Ferse verlangt nach dem, was unserem Gefühl schmeichelt; hier kommt der Wunsch nach menschlicher Anerkennung an erster Stelle. Auch darin liegen keine Kriterien für eine Wertung im Sinn von gut oder schlecht, auch wenn manche Leute jemanden für dumm halten, dem ein Kompliment lieber ist als ein Hundertmarkschein.

Für diese zweite Kurzanalyse ist auch noch die Beobachtung wichtig, daß Bs Blick ausschließlich nach vorn, auf den Weg also, gerichtet war, was mit der wenig beweglichen Haltung des Nackens korrespondierte. Mit der Aufforderung zu gehen, war ein Ziel gegeben, und dieses wurde nicht mehr aus den Augen gelassen. Man hat es also mit einem Menschen zu tun, der seinen Aufgaben konsequent nachgeht, der unter Umständen auf Informationen, die ihm im Beruf durch seine Mitarbeiter oder zu Hause von der Familie zuteil werden, nicht reagiert, weil er sie gar nicht wahrnimmt. Ein Mensch dieser Eigenart hat oft ungewöhnlich wenig Probleme, manchmal nur deshalb, weil er sie nicht sieht. Er geht weiter, arbeitet auch weiter, wo viele andere schon aufgehört hätten. Da die Testaufgabe ausschließlich Gehen verlangte, gab es für B keinen Wendepunkt; eine Neigung zum Kontinuierlichen in Beruf und übrigem Leben sprach aus der Wahl der Schleife statt des Wendepunktes. B schätzt es infolgedessen auch nicht, wenn ein System, mit dem er vertraut ist und das funktioniert, geändert wird.

3

C geht gleichmäßig mit relativ kleinen Schritten. Ich sage relativ, da die Schrittlänge nach der jeweiligen Körpergröße und Beinlänge beurteilt wird. Die Arme sind in Bewegung, beide tendieren stärker nach rückwärts als nach vorn. C rollt beim Gehen den Fuß ab. Beim Wendepunkt schiebt er sich deutlich nach vorn. Die Kopfhaltung ist gerade. C schaut von Zeit zu Zeit zur Seite, während er geht.

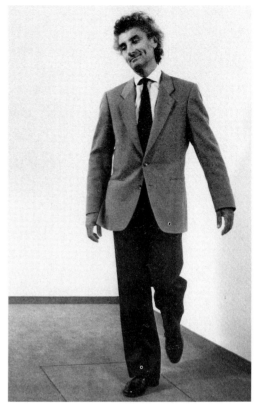

Schleife (Bildfolge linke Seite) und Wendepunkt (rechte Seite) deuten auf verschiedene Verhaltensweisen. Wer den Wendepunkt braucht, sucht jeweils Abschluß und Neuanfang, während die Schleife auf das Bedürfnis nach Kontinuität deutet.

Gleichmäßiger Gang und kleine Schritte deuten darauf hin, daß C es liebt, ins Detail zu gehen, sich aber nicht im Detail verliert. Eine gewisse Regelmäßigkeit in den Abläufen kommt ihm entgegen. Seine Beweglichkeit drückt Freude an der Aktion aus, die rückwärtsgewandte Tendenz bremst diesen Aktionswillen durch Vorsicht. Das deutlich betonte Schieben am Wendepunkt wirkt jedesmal fast wie ein neuer Start. Es ist ein kurzes Stehenbleiben, nachdem sich C in die neue Aktion hineinkatapultieren muß. Die gerade Kopfhaltung mit gelegentlichen Seitenblicken zeugt davon, daß C nicht leicht von seinem Weg (seinen Vorstellungen, Eigenschaften, Standpunkten) abzubringen ist, jedoch informiert sein will darüber, was um ihn vorgeht.

Selbstvergewisserung und Vorsicht können sich auch darin zeigen, daß jemand im Gehen häufig zu Boden schaut. Dieser Mensch gibt meist viel auf seine Erfahrung. Der Boden gibt ihm das Gefühl von Realität. Er will wissen, wo er steht, mißt die Dinge an Erfahrungen, will seiner Aktion sicher sein. Hinaufschauen macht das Gehen leichter. Zwar kann man dabei stolpern, aber gerade daran nicht zu denken, macht das Vergnügen aus.

4

D macht relativ große Schritte, seine Arme pendeln sehr beweglich, deutlich verstärkt am Wendepunkt, insbesondere der linke Arm. Die Schultern bewegen sich leicht rückwärts, die Handhaltung ist unverkrampft, lässig. Der linke Fuß geht häufig vor, nicht neben dem rechten.

Der große Schritt zeigt wie bei A und B Aktionslust unter Vernachlässigung von Details. Die Pendelbewegung der Arme deutet darauf hin, daß D die Dinge nicht so ernst nimmt, er geht seine Aufgaben locker an. Seine Aktionen sind sehr bewußt, aber nicht ausgesprochen rational dirigiert. Er kann es, er macht es, er braucht sich nicht kolossal anzustrengen. Am Wendepunkt, also am Beginn einer neuen Aufgabe, schwingen die Arme hoch, vor allem der linke. Neue Projekte geht er intuitiv an. Vor der neuen Aufgabe bezieht D gefühlsmäßig eine Schutzposition, setzt sich über die Hemmung aber schnell hinweg. Wenn nun der linke Fuß vor dem rechten geht, wie beobachtet, laufen die Gefühle vor der Ratio her, und die kann eventuell darüber stolpern.

Eigentlich sollten die Füße parallel zueinander gehen. Im angeführten Beispiel normalisiert sich der Gang in diese Richtung dadurch, daß Gewöhnung eingetreten ist. Die leichte Rücklage der Schultern bei C signalisiert eine leichte Zurückhaltung bei aller Beschwingtheit. Der erste, der über den Graben springt, würde er im Ernstfall nicht sein. Das überließe er anderen.

5

E macht große Schritte. Die Fußspitzen sind leicht nach außen gestellt. Die Arme sind aktiv, der linke stärker als der rechte. Der Wendepunkt verwandelt sich in eine kleine Schleife. E hebt die rechte Schulter etwas höher als die linke.

Die Aktionsfreudigkeit ist deutlich, die nach außen gestellten Fußspitzen jedoch, von mir ohne moralische Hintergedanken als Seitensprung apostrophiert, weisen auf Ablenkbarkeit hin, weil sie die Schrittrichtung aus ihrer Bahn lenken. E ist ein Mensch, der auch gern Anekdotisches hört. Bevor er zum Chef geht, hält er es für wichtig, auch mit der Sekretärin zu sprechen, zu fragen: Wie ist die Stimmung? Eine gerade Stellung der Fußspitzen dagegen spricht von Zielbewußtheit, von planmäßig eingesetzter Kraftaufwendung, so läuft man genau auf sein Ziel zu.

Aus der kleinen Schleife, die E den Wendepunkt ersetzt, läßt sich ablesen, daß sich für ihn Aufgabe zu Aufgabe gesellt, ohne daß er in jeder neuen eine neue Herausforderung sähe.

Ich füge hinzu, daß es Menschen gibt, die jeden Wendepunkt mit einem völligen Umschwung vollführen und dabei einen Moment totaler Orientierungslosigkeit demonstrieren, danach entweder mit starkem Anlauf oder auch resignativ (es muß ja sein, was herauskommt, werden wir schon sehen) ihren Weg wieder aufnehmen. Ein anderthalbfacher, fast kreiselnder Wendepunkt kann auf eine Neigung zu kindlicher Koketterie hinweisen. Und mancher steht ja auch in einem koketten Verhältnis zu seiner Arbeit.

E jedoch geht kontinuierlich seinen Weg und seinen Aufgaben nach, wie die kleine Schleife verrät. Die leichte Anhebung der Schultern deutet auf ein unterschwelliges Absicherungsbedürfnis.

Zu den hier skizzierten Beispielen läßt sich sagen, daß ihnen eine Vielzahl anderer folgen könnte. Wichtig scheint mir vor allem, zu betonen, daß diese Beobachtungen nur in ihrem Zusammenhang interpretiert werden können und daß mit der Interpretation keine Ab- oder Aufwertung von Eigenschaften verbunden sein sollte.

Dennoch lassen sich an diesen fünf Ganganalysen bereits einige Signale in ihrer grundsätzlichen Aussage erkennen. Ordnen wir sie einem Gesamtbild zu, gewinnen wir Hinweise auf das Wesen, auf die Denk- und Arbeitsweise eines Menschen.

Starke körperliche Beweglichkeit weist in jedem Fall auf Aktionslust. Von jemand, dessen lockere Beweglichkeit uns auffällt, können wir erwarten, daß er handeln will. Ob er dafür kritisiert wird oder gelobt, ist ihm nicht so wichtig. Er hat die Erfahrung: Handeln ist schön. Ein anderer ist schon durch seine Erziehung handlungsgehemmt. Immer wurde bewertet und kritisiert, was er getan hat, und schon deshalb ist ihm eine gewisse Zurückhaltung zur Gewohnheit geworden. Die Mehrzahl der Menschen wurde so erzogen und neigt zu solcher Vorsicht. Im Beruf wie anderswo kommt es darauf an, zu wissen, was wir von unserem Aktionisten mit der leichten Rücken(Vorsichts)lage und was wir von dem Zielgerichteten erwarten können. Frühzeitige Beobachtung erspart manche Enttäuschung, in der wir uns auch noch sagen müssen: Das hättest du auch gleich sehen können.

Verantwortung tragen

Verantwortung hat etwas mit Antworten zu tun. Antworten an wen? Wem sind wir verantwortlich? Gefühl kann übrigens keine Verantwortung produzieren. Hier ist immer die Ratio im Spiel. Es liegt ein Unterschied darin, ob wir sagen: Ich habe Verantwortung! oder: Ich trage Verantwortung!

Die zweite Aussage ist nicht nur plastischer im Ausdruck, sie transponiert auch ein Gefühl, das Gefühl von Last nämlich. Lasten trägt man, und zwar auf den Schultern. Lasten werden geschultert. Gerade im Gehen ist an der Schulterhaltung eines Menschen abzulesen, ob er sich Verantwortung bewußt macht, so sehr zuweilen, daß er sie als Last empfindet. Die Verantwortung lastet wie Blei auf ihm, und sein Körper drückt es selbstverständlich sichtbar aus: mit den Schultern.

Dabei handelt es sich keineswegs immer um Menschen, die sich der Verantwortung entziehen oder entziehen möchten. Im Gegenteil: Wer körperlich ausdrückt, wie schwer Verantwortung auf ihm lastet, ist meist verantwortungssüchtig. Unsere Erziehung hat es dahin gebracht. Kindern wird Verantwortung früh bewußt gemacht. Übernimmt ein Kind Verantwortung, wird es gelobt, und Kinder lernen schnell. Die Rechnung ist ganz einfach: Übernehme ich Verantwortung, bekomme ich Streicheleinheiten. Um mehr davon zu bekommen, muß ich mehr Verantwortungsgefühl zeigen als die anderen, also nehme ich den anderen etwas von ihrer Verantwortlichkeit ab und lade sie auf die eigenen Schultern. So läßt sich auch behaupten, daß die anderen nicht so verantwortungsbewußt sind. Richtig ist, daß sie es nicht sein können, weil man ihnen ihre Verantwortung abgenommen hat. So wird eine bevorzugte Stellung geschaffen, weil sichtbares Verantwortlichsein, Verantwortungtragen Anerkennung bringt. Das alles geschieht beim Kind unbewußt und beim Erwachsenen meist auch. Wer sich im Berufsleben umsieht, wird erkennen, daß es sich bei diesem Vorgang nicht um ein reines Kinderspiel handelt.

In jeder Art von Kommunikation wird auf jedes ausgesendete Signal eine Reaktion, eine Antwort (Feedback) erwartet. Bleiben Reaktionen aus, sind wir gekränkt. Wichtig ist einzig, daß überhaupt eine Antwort erfolgt; sie braucht nicht einmal zustimmend zu sein.

Der Zugang zu Menschen mit Verantwortungsdrang scheint leicht. Es genügt zu sagen: Wir haben Ihnen diese Aufgabe anvertraut, weil ein anderer sie nicht so verantwortungsbewußt erfüllen würde. Wir nehmen die Angelegenheit sehr ernst und sind froh, in Ihnen den richtigen Partner gefunden zu haben.

Auf das eben beschriebene Verhalten könnte die Antwort eine Frage sein: Ob nämlich der Verantwortungs-Bewußte der Richtige sei, um wirklich problematische Aufgaben zu übernehmen. Würde es ihn nicht zu sehr belasten?

Würde es seine Leistungsfähigkeit nicht stärker beeinträchtigen, als es die Sache eigentlich wert wäre? Nicht, daß er die Aufgabe nicht lösen würde, aber vielleicht wäre ein anderer mit lockerem Antritt der Sache doch besser gewachsen.

Auf der anderen Seite ist es eine Binsenweisheit, daß, wer bereit und in der Lage ist, Verantwortung leicht zu tragen, auf Anerkennung lange warten muß. Es ist ein Witz, aber es ist so. Im Berufsleben gibt es Menschen, die dafür ganz und gar mit dem Tragen von Verantwortung ausgelastet sind; ihre Schultern sprechen Bände.

Wir Gewohnheitstiere

Gehen ist ein Teil von uns, ein Ausdruck unserer vorgegebenen, erworbenen und gegenwärtigen Verfassung. Unser Gang ist typisch für uns, ändert sich aber je nach Stimmung. Durch die im Gehen verstärkte Bewegung geben wir mehr von uns preis als im Sitzen, Stehen oder Liegen. Unser Gang ist deshalb typisch für uns, weil unser Körper Gewohntes verlangt, unter anderem, weil er zu seinem Rhythmus finden will. Wir fühlen uns in unserem gewohnten Gang zu Hause, weil der Körper uns süchtig macht nach Gewohnheit. Wie weit das gehen kann, zeigt das Gefühl, Sauerstoff zu brauchen. Es muß nicht so weit gehen wie bei dem Mann, der nicht schlafen kann, weil er die frische Luft vermißt, aus seinem Bett aufsteht, das Fenster aufreißt und dann wirklich herrlich durchschläft, am nächsten Tag aufwacht und feststellt, daß er eine Schranktür geöffnet hat, das Fenster aber geschlossen ließ. Die innere Vorstellung von Frischluftzufuhr beruhigte ihn. Man bedenke aber, wie viele Menschen die stickige Luft von Kneipen lieben. Die Luft ist kaum zum Atmen, der Zigarettenrauch brennt in den Augen, aber der Mensch fühlt sich wohl. Seine Gewohnheit steuert seine Empfindung. Man gewöhnt sich und wird abhängig. Zwar atmen wir beglückt den frischen Luftstoß beim Verlassen der verqualmten Räume ein; doch wären wir so erfüllt von diesem Augenblick, wenn wir nicht vorher in dem stickigen Raum gesessen hätten?

Der Körper verstärkt unsere Neigung, Gewohnheiten anzunehmen. Da diese Neigung nicht bewußt gesteuert ist, bedarf es für eine Veränderung, an der uns liegt, nicht allein des Willens, sondern auch der Bewußtmachung dessen, was der Körper verlangt. Der Entzugsprozeß bei Gewohnheiten ist langwierig. Vorbedingung ist das Wissen darum, wie unser Körper reagiert, wie er »spricht«. Über Gewohnheit und Sucht habe ich im übrigen schon früher in diesem Buch gesprochen.

Man spricht von schlechten Gewohnheiten, interessanterweise selten von guten. Dabei leben wir in und mit unseren Gewohnheiten. Von seinen Gewohnheiten läßt sich auf den ganzen Menschen schließen und mit Sicherheit auch auf das, was wir von ihm zu erwarten haben.

Es ist nichts schwieriger, als Gewohnheiten zu ändern, bei sich selbst genauso wie bei anderen. Wie nützlich es ist, zwischen Gewohnheit und Notwendigkeit zu unterscheiden, bedarf keiner Erläuterung. Wieviel der Gang eines Menschen aussagt, über seine Art, sich zu geben, sein habituelles Selbstverständnis und sogar über sein Weltbild, davon sollte dieser Abschnitt einen Eindruck vermitteln. Es ist der Weg, der zu seinem persönlichen Raster und damit zu seinem Weltbild führt.

Systeme der Bewegung –
Systeme des Dialogs

Ein System macht sich selbständig

Mit jeder Begegnung errichten wir ein System. Ich erinnere an die Parabel von der Maus im Labor, die zu einer anderen sagt: Weißt du, ich habe meinen Professor dressiert. – Wirklich? fragt die andere. – Ach ja, ganz einfach, jedesmal, wenn ich an der Glocke ziehe, rennt er los und bringt mir Käse. Wer hat also wen dressiert? Damit komme ich auf das zurück, was ich das Ei-und-Henne-System genannt habe. Es ist die gegenseitige Abhängigkeit, eine Beziehung, die Verständnis und Mißverständnis, Freundschaft und Feindschaft beinhaltet. Mein Verhalten zwingt dem anderen womöglich eine Rolle auf, die er ohne Bezug zu mir gar nicht gespielt hätte. Sein Verhalten drängt mich in Reaktionen, die meine Verhaltensweise bestätigen, da ich seine und nicht meine als Ursache ansehe. Ein System macht sich selbständig, und es ist schwer, es zu verändern, wenn wir nicht imstande sind, die Spielregeln zu erneuern. Das heißt, wir müssen die Wirkung unseres Verhaltens auf andere kennen, und wir sollten vom Verhalten anderer auf deren Intentionen schließen können.

Durch eigenes Verhalten den anderen in eine Rolle hineinzudrängen, birgt die Gefahr, daß er entweder aussteigt oder die Rolle auf unerwartete Weise spielt.

Der Ängstliche braucht den Aggressor unter Umständen als Rechtfertigung und Bestätigung seiner Ängste. So etwas spielt sich auf einer abstrakten Ebene (Angst vor Krankheiten, die wir nicht haben) oder auf der körperlich-realen ab. Auch im Spiel läßt es sich nachvollziehen. Einer spielt den Ängstlichen, der stets ausweicht, zurückweicht und dennoch lockenden Blickkontakt zu einem anderen hält, bis der einen Schritt oder eine Bewegung auf ihn zu macht. Wie positiv diese Bewegung auch gemeint sein mag, der andere weicht wieder zurück, weil er in seiner Rolle jede Bewegung als bedrohlich empfinden muß, er fühlt sich als Aggressoren-Opfer, muß die Annäherung als Ausgangspunkt dafür sehen, daß der andere ihm an die Gurgel springen könnte. Niemand kann ihm die Garantie geben, daß es nicht so ist. Also nimmt er an, daß der andere ihm etwas tun will, und sieht seine Angst als berechtigt an. »Wie ist es möglich, keine Angst zu haben in einer derart aggressiven Welt?« Da er der einzelnen Situation nie eine Chance gibt, wird er auch nie erfahren, daß es anders sein kann. Er ist im eigenen System gefangen.

Im Normalfall sind Systeme der Begegnung einfach strukturiert. Ich erinnere an die Konstellation Verkäufer – Kunde, Anbieter – Abnehmer, Bewerber – Gewährer. So erfolgreich das Rezept der Anpassung sein mag, der ewige Kreislauf des Spiels kann zur Stagnation führen. Deshalb bedarf es der Technik des Verhandelns, der Fähigkeit, aus einem System aussteigen zu können.

Das System, das uns am stärksten daran hindert, den anderen in seinem

Deutlich weiche ich vor dem Aggressor zurück. Oder stempelt ihn meine Fluchtbewegung nur dazu, und er hat gar nichts getan?

Verhalten und in seinen Beweggründen richtig zu verstehen, ist das System, das wir in uns selbst errichten und unter dessen (scheinbarer) Gesetzmäßigkeit wir die Welt und die anderen sehen. Wir projizieren unser System auf die Umwelt und sagen: So ist die Welt.

Ein Klein-System läßt sich schon durch einfaches Ausweichen dem Partner gegenüber errichten, und man hat zugleich durch sein Verhalten ein System, mit dem das eigene Verhalten gerechtfertigt wird.

In dem folgenden Dialog wird das entsprechende Muster sichtbar.

Sie: Was machen wir heute abend?
Er: Ich weiß nicht.
Sie: Wir können essen gehen.
Er: Wenn du meinst.
Sie: Wohin?
Er: Ich weiß nicht, was du gern ißt.
Sie: Gehen wir chinesisch essen.
Er: Wenn du willst.

Weckt sein Entscheidungsunwille nicht schon im Verlauf des Gesprächs ihre Aggression, hat er sie zur Entscheidung gezwungen und kann später alle Verantwortung von sich weisen:

Du wolltest ja unbedingt chinesisch essen.

Je größer das innere Bedürfnis ist, ein solches System zu errichten, um so stärker werden die Spielregeln dem anderen aufgezwungen. Entscheidungsflucht, Hilflosigkeit werden so zu Dominanz, mit der andere gezwungen werden, die Arbeit zu machen. Es gibt den umgekehrten Fall, daß einer die anderen in den Zustand der Inkompetenz und Hilflosigkeit versetzt. Nach dem Motto: Laßt nur, ich mache das schon!

Ich habe Beispiele aus dem privaten Bereich gewählt, weil sich in ihm Gewohnheiten oft noch stärker ausbilden als im Berufsleben, wo man es meist mit mehreren, verschiedenen und wechselnden Partnern zu tun hat. Die Beziehung zu einem Partner verstärkt eingespielte Gewohnheiten, und die brauchen sich auf die Partnerschaft nicht unbedingt negativ auszuwirken. Es gibt Partnerschaften, in denen es die Regel ist, daß der eine die Entscheidungen fällt und der andere meckert, und beide fühlen sich dabei ausgesprochen wohl, ohne zu bemerken, daß es sich dabei um ein System handelt, ein System mit Spielregeln, die sie selbst eingeführt haben. Als Partner in einer Gemeinschaft, bei einer Begegnung, in einem Gespräch sind wir immer mitverantwortlich für ein so funktionierendes System. Denn entweder haben wir uns in eine Rolle zwingen lassen, oder wir haben einen anderen in eine Rolle gedrängt. Zum Tango gehören zwei, die ja sagen zum Tanzen. Ist das Bedürfnis des einen, etwas Bestimmtes zu tun, groß, wird seine Hartnäckigkeit wachsen. Die dritte Möglichkeit ist, auszusteigen und neue Spielregeln aufzustellen.

Das Zeigefinger-Syndrom

Das Spiel wird selbstverständlich auch in unseren Bewegungen ablesbar, mit unserem Körper zugleich wird der Dialog geführt. Eine Bewegung von hoher Dominanz ist der ausgestreckte Zeigefinger am ausgestreckten Arm. Das so begonnene Spiel kennt wenige Varianten. Entweder der andere ist auch dominant oder strebt nach Dominanz, dann steigt er aus: Such dir einen anderen Partner, Mitarbeiter etc., oder er unterwirft sich unter Protest, zieht sich auf die Erkenntnis seiner Abhängigkeit zurück. Die dominante Bewegung des ausgestreckten Zeigefingers läßt im Gegensatz zur offenen Hand keine Wahl. Immer weckt sie beim anderen Widerstand. Fügt er sich und nimmt die Aufgabe an, wird irgendwann etwas schiefgehen: Der Brief wandert ins falsche Kuvert, oder die Krankmeldung liegt wenig später auf dem Tisch. Es handelt sich dabei fast immer um eine unbewußte Abwehr der Dominanzbewegung, die den Menschen dazu treibt, den Auftrag an irgendeiner Stelle zu sabotieren. Der Arzt befiehlt (hergeleitet vom Zeigefinger): zweimal am Tag die und die Tabletten nehmen, und der Patient verliert aus unbewußtem Widerstandsgefühl das Rezept, geht gar nicht in die Apotheke. Was er damit tut, ist ein Racheakt, mit dem er es dem Arzt heimzahlen möchte: Wenn ich die Tabletten nicht nehme, werden wir ja sehen, was für ein guter Arzt du bist. Ich bleibe krank, obwohl ich bei dir in Behandlung bin. Logik ist hier ausgeschlossen.

Es gibt eine dritte Möglichkeit, auf die dominante Bewegung zu reagieren, nämlich die der vollen Unterwerfung. Er/sie (der Chef, der Arzt, der Vater, die

Die Zeigefingerhand dominiert, läßt keine Wahl.

Mutter, die Lehrerin) hat das Recht zu befehlen, und er/sie trägt die Verantwortung. Er/sie erteilt die Befehle, ich führe sie aus. Das eigene Denken wird ausgeschaltet.

Hat einer das Recht zu kommandieren und nimmt er es dem anderen gegenüber, der in untergeordneter Stellung zu ihm steht, wahr, kann dieser also mit einer Art Dienst nach Vorschrift in verschärfter Form reagieren. Er macht, was ihm gesagt wird, und sonst gar nichts. Auch wenn er sieht, wie sich links und rechts die Arbeit häuft, die zu erledigen ist, wird er nichts tun, was ihm nicht befohlen wurde. Das gehört zum Spiel.

Unser Patient würde seine Tabletten so lange zweimal am Tag nehmen, bis man ihm sagte, daß er damit aufhören solle.

Bei Mitarbeitern eines Betriebs läuft das Spiel in derselben Weise ab. Wer als Vorgesetzter seine Mitarbeiter von sich abhängig sehen will, muß damit rechnen, daß er ihnen zu sagen hat, wann sie mit etwas anfangen oder aufhören sollen. So will es das System.

Genauso wie einer durch Dominanz den anderen zum Aussteigen oder zur Unterwerfung mit allen beschriebenen Folgen zwingt, ruft derjenige, dessen Haltung Unterwerfung signalisiert, beim Partner Dominanzverhalten hervor.

Die Zeichen sind für den, der sie zu verstehen gelernt hat, unübersehbar: Die Zeigefingerhand dominiert, läßt keine Wahl. Die offene Hand offeriert, macht

»Ab morgen machen wir alles in Teamarbeit. Ist das klar!«

einen Vorschlag und läßt die Wahl, anzunehmen oder abzulehnen. Bester Wille und Vorsatz kommen gegen den Einfluß der Zeichen nicht an. Deutet unsere Haltung auf ein System, das nicht zu unseren Worten paßt, kommunizieren wir auf zwei Informationsebenen, treten unsere Worte, die unsere Meinung transportieren, in den Hintergrund und verlieren damit womöglich ihre Aussage; aufgenommen wird das System, das unsere Körperhaltung ausdrückt.

Da kommt ein Abteilungsleiter frisch vom Frühlingsseminar, wo er gelernt hat, daß Teamarbeit einen Teil seiner Probleme im Betrieb lösen könnte. Er ist innerlich sogar davon überzeugt, nur hat er seine alten Verhaltensweisen noch nicht abgelegt, deshalb erscheint er in seiner Abteilung und sagt, begleitet von der bekannten dominierenden Zeigefingerbewegung: Ab morgen machen wir alles in Teamarbeit!

Selbstverständlich läßt sich Teamarbeit auf diese Weise nicht anordnen. Seine Mitarbeiter werden weiterhin nur ausführen, was er ihnen anweist, sabotieren oder resignieren. Das System bleibt geschlossen. Die Sprachform steht stets unter dem Einfluß der Körperbewegungen, die sie begleiten. Auch das Spiel ist ein Teil unseres Lebens, auch im Spiel fällen wir Entscheidungen aus verschiedenen Alternativen.

147

Spieglein, Spieglein an der Wand...

Spielsituationen, etwa in einem Seminar, unter Freunden oder in der Familie, haben den Vorteil, daß verschiedene Ansätze möglich sind. In Beruf und Alltag kommt die Chance, dasselbe Gespräch zu wiederholen, sehr selten. Dennoch täusche man sich nicht: Auch in der simulierten Situation greift das System sofort. Deshalb sind wir auf dem Holzweg, wenn wir davon ausgehen, »im richtigen Leben« verhielten wir uns anders. Richtiges Leben kennt keine Unterbrechung. Auch im Spiel verhalten wir uns typisch, auch wenn wir uns von der Aufgabe, uns vor anderen darzustellen, unangenehm berührt fühlen. Wir gehen immer davon aus, daß unsere gewohnte Haltung (Stellung) gut, schön und daher vertretbar sei oder aber ein geschicktes Versteck (Maske), die das Innere nicht verrät. Ich habe es in meinen Seminaren über Körpersprache immer wieder erlebt, wie schwer sich manche Menschen entschließen können, in eine Spielsituation einzutreten, aus Angst, sich bloßzustellen, sich zu blamieren. Daß sie mit diesem Verhalten und allem dazugehörigen Ausdruck ihrer Körpersprache mindestens soviel von sich verraten wie in der gestellten Situation, kommt ihnen nicht in den Sinn.

Spielsituationen sind Chancen, Systeme auszuprobieren, dem Wunschbild von sich selbst näherzukommen. Unbelastet von den Zwängen der gewohnten Alltagssituation läßt sich überprüfen, wie Partner auf Körpersignale reagieren. Welche Antwort folgt auf welche Haltung? Da sich auch der andere in der Spielsituation befindet, könnte man denken, er richtet sich darauf ein, versucht vielleicht aus Widerspruch anders zu reagieren als vorgesehen. Aber was heißt da vorgesehen? Unsere Bewegungen, so kalkuliert wir sie einzusetzen versuchen, fangen sich selbst sehr schnell im System der jeweiligen Begegnung, können sich ihm nicht entziehen. Und deshalb ist es auch gar nicht leicht, einem Wunschbild zu folgen.

Wie möchte ich wirken? Das ist eine Frage, die wir uns nicht nur stellen dürfen, sondern stellen sollen. Ich weiß, daß tief in uns allen der Satz wurzelt, der uns lehrt, mehr zu sein als zu scheinen. Es genügt ja auch, genausoviel zu scheinen, wie man ist. Warten wir aber darauf, daß die anderen von selbst darauf stoßen, was für Qualitäten in uns stecken, können wir lange warten, ja wir entziehen der Gemeinschaft den Nutzen, den sie von uns haben könnte. Es spricht alles dafür, sein Licht nicht unter den Scheffel zu stellen.

Wunschbilder lassen sich durchaus verwirklichen, wenn man ernsthaft an sich arbeitet. Es ist ein bequemer Aberglaube, daß wir uns nicht verändern könnten. Darüber mehr im letzten Kapitel dieses Buchs, in dem ich von den Rollen unseres Lebens sprechen werde.

Im Berufsleben scheinen einfache Rezepte zu gelten, was das Bild des Erfolgreichen angeht. Man muß Erfolg ausstrahlen, um Erfolg zu haben. Selbstsicherheit, Energie, Offenheit sind die Ingredienzen dieses Rezepts. Keinem von uns fällt es schwer, sich diesen Typ vorzustellen. Ein Mensch von sichtbarer Zurückhaltung, dem das Zupacken nicht auf der Stirn geschrieben steht, paßt nicht in diese, vor allem aus Amerika importierte Gebrauchsanweisung. Und es gibt auch nicht nur das eine Rezept, das – auf die Dauer gesehen – dem Menschen nicht bekommt, ihn unsensibel macht und ihn zum funktionierenden Apparat degenerieren läßt. Die Gefahr liegt für einen solchen Menschen auch darin, daß er ein und dieselbe

Antwort auf die verschiedensten Fragen hat oder aalglatt wird, so daß man an ihm ausrutscht wie auf Eis. Es gibt keine angerauhte Fläche an ihm, an der man sich halten könnte, so wird er ungreifbar und in einem gewissen Sinn auch unangreifbar.

Der direkte Weg ist natürlich der kürzeste. Jeder weiß aber, wie schwer es manchmal ist, etwas direkt zu sagen, etwas unmittelbar zu zeigen. In aller Kommunikation gibt es indirekte Zeichensprachen, symbolhafte Umschreibungen als Ersatz, als Kompensation der eigentlichen Inhalte.

Rosen und Nelken übermitteln meine Gefühle, vertreten meinen unmittelbaren Ausdruck. Ein anderer, etwa ein Italiener, verzichtet auf solche Kompensation; er bringt keine Blumen, er bringt gleich sich selbst. Hilfsmittel der Kompensation sind der große Wagen, in den der kleine Mann steigt, oder der VW-Golf, den der wichtige Mann chauffiert, oder das Fahrrad für den Oberbürgermeister. Büroeinrichtungen werfen stets ein bezeichnendes Licht auf ihre Besitzer. Riesige Schreibtische und große blankpolierte Tische sprechen eine eigene Sprache.

Aber auch Zuneigung läßt sich kompensatorisch hervorrufen. Man merkt sich die Hobbys des Partners, seinen bevorzugten Maler, sein Lieblingslokal und seine Kümmernisse. Kompensatorisch benutzt, heißt das nichts anderes, als aufmerksam gewesen zu sein.

In der Tat sind die Systeme von Direktheit und Kompensation mit dem jeweiligen Kulturkreis verknüpft. Das beste Beispiel ist Japan, wo der alltägliche Umgang der Menschen untereinander auf kleinen Geschenken beruht. Die Geschenke repräsentieren die Beziehungsstufen, gehören in ein fein ausgearbeitetes System von Spielregeln, das man durch die Zurückweisung eines Geschenks empfindlich stören würde.

Wir brauchen aber nicht in den Fernen Osten zu reisen, um Formen der Kompensation zu beobachten. Unser Berufsleben steckt voller Beispiele. Dem einen ist es gegeben, oder er hat es gelernt, Gefühl, Interesse, Engagement zu zeigen. Ein anderer bringt das nicht über sich und sucht Formen der Kompensation. Er weiß zum Beispiel, daß er steif und zugeknöpft wirkt, und hält deshalb ein paar Witze bereit, die er im passenden Moment zum besten gibt, um damit zu beweisen, daß er gar nicht so zugeknöpft ist, wie es den Anschein hat, oder mindestens nicht so sein will. Lädt man einen Zugeknöpften zum Tennisspielen ein, gibt man ihm die Chance zur Kompensation. Allein der Orts- oder Milieuwechsel schafft die kompensatorische Öffnung.

In Österreich (und nicht nur dort) werden Geschäfte beim Essen, bei einer Jause oder in der Sauna »nebenbei« erledigt. Im Büro wird höchstens noch unterschrieben. Wir werden das schon machen, heißt der Schlüsselsatz. Wer »wir« ist, weiß niemand so genau; und man darf auch nicht nach dem Wer und Wie fragen, sonst wirkt der Zauber nicht.

Es sind die Alternativen, die Kompensation erlauben und die es einzubeziehen gilt. Ob Dinner oder Jause, was zählt, ist die erweiterte Möglichkeit, sich anders zu erleben.

Der eine bringt Blumen – der andere sich selbst

Zeichen der Werbung: Ich streichle über mein Haar und schaue ihr in die Augen (links). Sie antwortet mit derselben Geste (Mitte) und macht ihren Hals ein wenig frei (Kann ich dir vertrauen?). Die simultan ausgeführte Bewegung setzt uns endgültig in Übereinstimmung (rechts).

Nicht zu übersehende Signale gibt es auch hierbei, beginnend mit dem Ort der Verabredung. Der Tatort Imbißecke bedeutet: Arrangieren wir uns schnell. Wir haben beide keine Zeit. Mit einer Einladung ins Restaurant wird dem Gegenstand der Unterhaltung größeres Gewicht beigemessen. Ich gebe zu, daß man sich auch nur des guten Essens wegen treffen kann und das Geschäftliche als Alibi wählt.

Grundsätzlich jedoch verändern solche Signale unser Verhalten und schaffen die Spielregeln für ein System. Jede Begegnung kennt einleitende Signale. Am einfachsten ist das am Zusammentreffen zwischen Mann und Frau abzulesen, bei dem sich archaische Rituale, die sich im übrigen stärker verwischt haben, offenbaren. Beginnt der Mann nämlich auf einmal, sich leicht in den Hüften zu wiegen, übers Haar zu streichen, also Balzverhalten zu demonstrieren, signalisiert er Flirt und hat so seine Spielregeln für die Begegnung aufgestellt. Nun läuft das System. Nicht, daß sein Gegenüber, die Frau, auf seine Intention durch Teilnahme eingehen müßte, aber sie kann nur innerhalb des Systems reagieren, den Kurs aufnehmen oder ihn korrigieren.

Auch das Neinsagen gehört zum System. Sie kann die Spielregeln ändern. Vielleicht fragt sie nur: Wie geht es deiner Frau? Bei einem Abendessen bei Kerzenlicht wird die eingeladene Frau denken: So also läuft der Hase! Und sie fragt nach etwas mehr Licht, damit sie auch sehen könne, was auf den Teller kommt. Es bleibt ihr überlassen, ob sie auf das Kerzenlicht zurückkommt.

Mit Initialsignalen projizieren wir eine Atmosphäre auf eine Situation. Sie zeigen uns Sachlichkeit oder Koketterie, Offenheit oder Verschlossenheit, Interesse oder Desinteresse, Zuwendung oder Gleichgültigkeit an. Immer steht zu Beginn ein System mit seinen spezifischen Spielregeln. Es ist wie beim Schach: Die

Eröffnung schafft ein System, wobei keineswegs entschieden ist, wer das Spiel gewinnt. In Beruf und Alltag hoffentlich beide.

Die Eröffnung eines Gesprächs, einer Verhandlung findet nicht erst beim ersten gesprochenen Satz statt. Alles beginnt mit dem Auftritt der handelnden Personen, und oft sind mit diesem Auftritt die Spielregeln schon ausgegeben, ist das System schon in Gang gesetzt.

Auftritte

Der bisher geübten Methode folgend, frage ich zunächst nach dem Ursprung des Wortes Auftritt. Wie leicht zu erraten, jedoch selten bedacht, kommt es von Auftreten, ganz faktisch und materiell betrachtet. Wer denkt schon darüber nach, daß sein Auftreten im übertragenen Sinn etwas mit seinem Auftreten auf dem Boden im körperlichen Sinn zu tun haben könnte. Es hat aber nicht nur etwas damit zu tun, sondern beides hängt voneinander ab. Wir haben auch hier wieder eine Wechselwirkung. Gewöhnlich unterschätzen wir den Einfluß des Körpers auf den Geist. Wenn wir uns unserer Sache nur gewiß sind, dann wird das sichere Auftreten schon kommen! Versuchen wir es einmal umgekehrt. Suchen wir mit unseren Füßen ein Bodengefühl zu bekommen. Das läßt sich ausprobieren, indem man die Füße in kurzer Entfernung voneinander stellt, leicht in die Knie geht und durch sanftes Hin- und Herwiegen den eigenen Schwerpunkt herauszufinden sucht, ein Haftgefühl der Fußsohlen am Boden. Dabei gibt es einen Punkt, an dem man den Boden spürt. Es ist gut, sich diesem Bodengefühl ein paar Augenblicke zu überlassen, ihm nachzuspüren. Die Wirkung stellt sich sogleich ein – und nicht allein in den Füßen: Unsere Stimme verändert sich, sie wird bestimmter. Jetzt geht es darum, das Bodengefühl zu erhalten, auch im Gehen, und das Gefühl und die

Meine Partnerin glaubt,
gerade zu stehen.

Ich korrigiere ihre Stellung,
mache ihr bewußt, wie sie
in ihre individuelle Haltung
zurückfällt.

Wir versuchen gemeinsam, ein Gefühl für den Raum zu bekommen. Und ich versuche, meiner Partnerin ihr Recht auf Raumbeanspruchung fühlbar zu machen.

Fühlen die Füße den Boden? Es scheint selbstverständlich, ist es aber nicht. Wir pendeln uns ein, um den Bodenkontakt zu intensivieren.

Ihr Gesicht drückt aus, was ihre Fußsohlen fühlen: Sicherheit. Wir haben »Fuß gefaßt«.

154

Wahrnehmung zu haben: Der Boden trägt mich. Wer auf dem Boden bleibt, kann mental fest bleiben. Selbstsicherheit zeigt sich nicht nur in der offenen gewölbten Brust, dem freien Atem, sondern auch im festen Stand (der wiederum auf Brust und Atem wirken soll), durch das Bodengefühl.

Jeder, der in Beruf und Alltag auf die Wirkung von Festigkeit und Sicherheit im Ausdruck baut, muß zunächst an seiner »Erdung« arbeiten. Von unten her trägt die Energie Vitalitätsbewußtsein und -ausstrahlung nach oben. Und wenn nun noch dem Oberkörper die Freiheit (Atmung!) zur Rotation gegeben wird, so werden sich Arme und Hände wie von selbst öffnen. So manifestiert sich körperlich Souveränität. Sicherheit gewinnt man nicht durch das Aufbauen eines Abwehrpanzers (Kontraktion), denn der blockiert die Brust, behindert die Rotation.

Wer sein spezifisches Bodengefühl pflegt, findet auch zu einem sicheren Gang. Das läßt sich trainieren, wichtig ist dabei, das Bodengefühl auch beim schnelleren Gehen nicht zu verlieren. Das Empfinden, seinen Gang zu gehen, überträgt sich auf Bewußtsein und Selbstgefühl. Sprache beschreibt Körpersprache: Man hat Boden unter den Füßen, läßt sich nicht treiben, man ist standfest, geht seinen Weg.

Standfestigkeit ist in diesem Zusammenhang ein gutes Wort. Der Held im Cowboyfilm bleibt immer stehen im Moment der Gefahr, und selbstverständlich ist seine Geste ein Verhaltenssymbol. Stehen und bereit sein zur Aktion, beides gehört zusammen. Wenn dieser Haltung keine Drohgebärde, kein Dominanzsignal folgt, sondern die Öffnung durch ein Ausstrecken der Hand, ist ein Idealbild erreicht, das tausend Argumente nicht schaffen können.

Idealer Bodenkontakt:
Der Fuß haftet fest am Boden.

Vor unserer Arbeit
Seine Zurück-Haltung (er ist weit von der Verhandlungsbasis entfernt) wird durch die geschlossene Handstellung, die unfreie Sitzhaltung nicht verändert.

Sein deutliches Abbruchzeichen (er schaut auf die Uhr) erschreckt sie. Sie zieht sich zurück. Die Hände bleiben geschlossen. Ein Dialog findet nicht statt.

Die ausgestreckte offene Hand bei gelockertem Ellenbogen ist die menschlichste Geste, die sich in einer Auseinandersetzung denken läßt. Sie gibt dem anderen Entscheidungsfreiheit. Wir haben alle vom Baum der Erkenntnis gegessen, um gottgleich zu entscheiden, was gut und was schlecht ist. Wir sollten den anderen für nichts anderes halten und ihn selbst entscheiden lassen. Jeder von uns hat eigene Ziele, die nicht unbedingt denen anderer widersprechen müssen, dort aber, wo sie sich kreuzen, ist der Punkt, an dem erfolgreiche Dialoge beginnen.

Standfestigkeit zu loben, heißt nicht, Unbeweglichkeit zu propagieren. Wer Wurzeln zu schlagen beginnt an seinem Standort, verändert deutlich seine Haltung. Er streckt die Knie, und diese Bewegung setzt sich als Versteifung durch

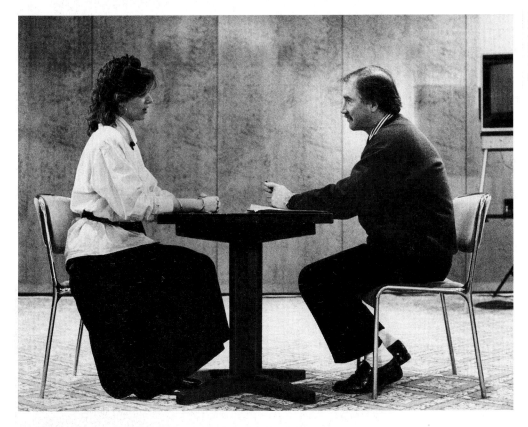

Nach unserer Arbeit
Dem Bodengefühl entspricht ein Sitzgefühl. Hier bringt es die junge Dame in Position. Der Partner antwortet durch Zuwendung.

den ganzen Körper fort. Auch der Klang seiner Stimme verändert sich, sie wird monoton und zeigt ihrerseits den Verlust von Mobilität an. Sein Auftreten verliert an Kraft. Um sicher auftreten zu können, müssen wir die Körperrotation aufrechterhalten. Nur wenn wir nicht glauben, unseren Platz verteidigen zu müssen, ist es uns möglich, sicher aufzutreten. Das Bodengefühl, das einer entwickelt hat, erleichtert es ihm, einen Punkt zu verlassen, weil er weiß, daß er trittfest ist; und da ihm der nächste Punkt sicher erscheint, braucht er den bisher eingenommenen Standpunkt nicht zu verteidigen.

Unsichere Menschen fliehen den Boden, da sie ihn geistig nicht akzeptieren wollen, was ihre Unsicherheit nur noch verstärkt; eben weil sie nicht fest auf

Linke Seite:
Offene Arme laden ein zum Dialog (oben). Die gestreckten Ellbogen verändern die Situation, lassen jede Elastizität verschwinden. Die Einladung wird zur Forderung (unten).

Rechte Seite:
Zwar bleiben die Arme locker, der gespannte Brustkorb jedoch deutet auf Unsicherheit (oben). Darstellung statt Einladung (unten).

diesem Boden stehen, verschließen sie sich, statt sich zu öffnen. Wir haben es dabei mit Gewohnheiten zu tun, die sich nicht leicht und schon gar nicht auf Anhieb ändern lassen. Der für den eigenen Rhythmus, das habituelle Verhalten des einzelnen ungewohnte Versuch einer Öffnung löst die Alarmanlage des alten Systems aus. Wir fallen erschrocken in die gewohnte Haltung zurück. Nur sehr langsam lassen sich die Systeme verändern. Die Schwierigkeit liegt darin, daß wir das alte System nicht ausmerzen, ehe wir das neue einführen. Man sagt uns immer, was wir tun sollen, aber selten, was wir zu lassen haben, und deshalb machen wir immer weiter. Der Wille zur Veränderung, das Bewußtsein davon genügen nicht. Wer den Weg über die Bewegung wählt und nicht nur den über den guten Vorsatz, besitzt eine Chance mehr, er muß sich nur täglich daran erinnern und täglich probieren, wo der Boden für seine Stellungnahme sich erfühlen läßt, wie er Standfestigkeit erreicht, ohne sich zu versteifen.

Standfestigkeit und Beweglichkeit, das eine nützt wenig ohne das andere. Wer nur den Brustkorb bläht, seine Energie beweisen will, ohne einen Standpunkt zu beziehen, ist schnell durchschaut. Er signalisiert: Ich mache alles, gebt mir nur den Auftrag dazu. Er fühlt und produziert den Ausdruck von Wichtigkeit, weil ihm der Auftrag zugeteilt wurde. Das ist die Aufgeblasenheit von Amtsinhabern. Sprache beschreibt Körpersprache.

Die offene Bewegung leitet einen Prozeß ein, der systemüberwindend sein kann. Im Berufsleben empfinden sie viele Menschen als Risiko. Man hat das Gefühl, sich auszuliefern, sich ungeschützt ins Feuer der Kritik zu begeben. Es stellt sich aber doch die Frage, ob wir uns denn stets attackiert fühlen und daher defensiv verhalten müssen. Ist das nicht wieder eine Projektion von uns auf die Welt, eine von den berühmten sich selbst erfüllenden Prophezeiungen, mit denen wir ein System errichten? Werde ich attackiert, oder fühle ich mich attackiert? Wer seine Hände ständig verschränkt hält, baut eine Barriere gegenüber einem unsichtbaren Feind auf. Das System aber will, daß wir einen Feind erfinden, um die Gebärde zu rechtfertigen.

Wir möchten dem so Verbarrikadierten zurufen: Öffne dich, nimm Luft weg, du brauchst dich nicht zu verteidigen, wir akzeptieren dich, wie du bist. Können wir ihm das sinnlich wahrnehmbar machen, werden wir seine Sympathie und sein Vertrauen gewinnen. Es gibt einen schlechten Witz, der sagt: Du hast keine Minderwertigkeitskomplexe, du bist nur minderwertig. Nein. Es gibt keine minderwertigen Menschen, es gibt nur solche, die ihrem Potential keine Chance geben.

Gehen, Stehen, Sitzen

Systeme der Begegnung variieren, je nachdem, was unsere Körperhaltung ausdrückt. Meist zeigt sich allerdings ein und dasselbe System in verschiedenen Mustern beim Gehen, Stehen oder im Sitzen. Vom Gang, vom Auftritt und Auftreten war die Rede, selbstverständlich gibt auch die Sitzhaltung eines Menschen Aufschluß über seine Beziehung zum Partner, darüber, wie er in der gegebenen Situation denkt und fühlt.

Dem Bodengefühl entsprechend sollten wir zuallererst ein eigenes Sitzgefühl entwickeln, dem Gesäß einen Sitz geben. Wie viele Leute sitzen, ohne sich zu

Die erhobene Brust muß nicht Selbstbewußtsein ausdrücken. Aufgeblasenheit soll Souveränität vortäuschen. Die Füße haben keine Bodenhaftung und verraten die Unsicherheit.

Die Kopfneigung lockert den Brustkorb und signalisiert Kompromißbereitschaft.

Einer, der sich gar nicht bequem fühlt und sich dennoch an seinen Sitz klammert.

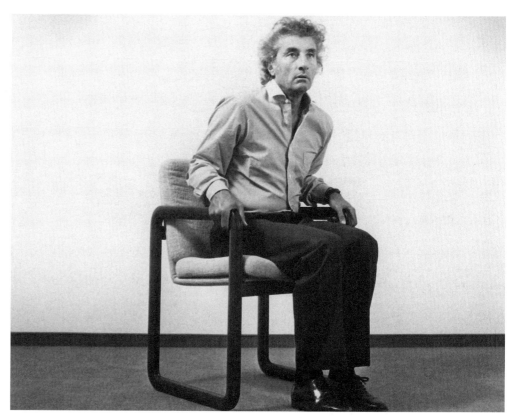

Einer, der die Fassung verliert. (»Mehr Haltung, mein Herr!«)

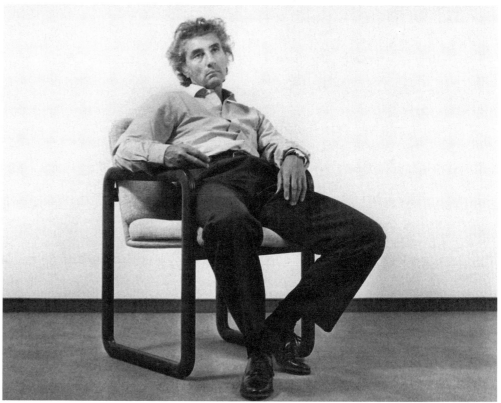

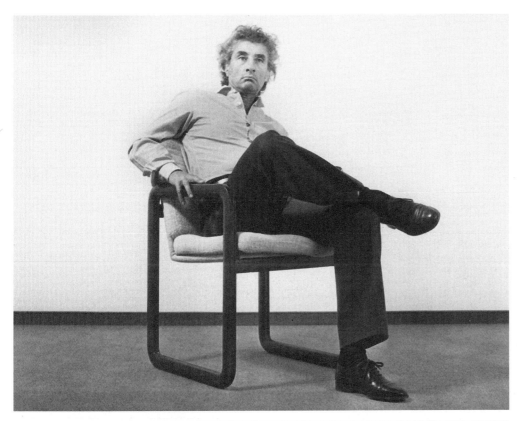

Einer, der beobachten will (seitliche Sitzposition), nicht konfrontieren. Mit dem Bein baut er sich eine Schutzbarriere.

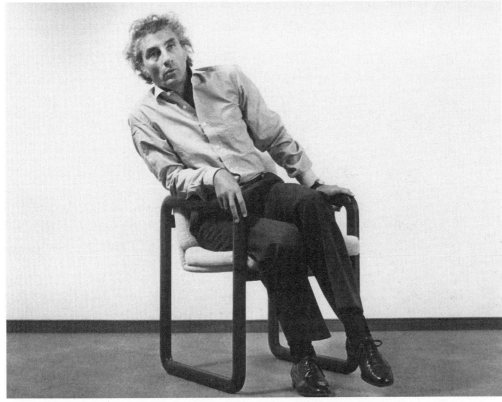

Einer, der ausweicht und sich bereithält, wegzugehen.

fragen, wie sie sitzen, und wie viele sitzen unbequem, ohne zu wagen, ihre Stellung zu verändern, sprich zu verbessern. Wie viele rutschen auf ihrem Sitz herum und signalisieren damit Unbehagen? Ein mächtiger Mann lädt einen weniger mächtigen ein, sich in einen Sessel zu setzen, in dem der andere versinkt. Er wird ganz klein. Traut er sich zu sagen: Entschuldigen Sie, ich kann so nicht sitzen, kann ich einen Stuhl haben? Die Position ändern, bedeutet in jedem Sinn, was der Ausdruck sagt.

Bewegung ist der Schlüssel zum Gespräch, ob im Gehen, im Stehen oder im Sitzen. Und zwar nicht nur die eigene Bewegung; denn die des anderen gibt uns die Einsätze, wenn wir auf sie achten.

Es beginnt mit der Begrüßung. Im deutschsprachigen Raum ist der Händedruck institutionalisiert. Seine Verweigerung erweckt Aggression. Wer dagegen die Hand des anderen lange hält, signalisiert, daß er etwas will, sich etwas vom anderen erhofft. Mit dem Auftreten und der Begrüßung (Verbeugung) sind die Spielregeln meist schon festgelegt, und nun beginnt das Spiel selbst. Wer sitzt zuerst? Wie richtet man sich zum Sitzen ein? Kommt einer darauf, den Sessel, der ihm als Sitz angeboten wurde, zu verrücken? Es ist ein Zeichen ausgeprägten Selbstbewußtseins, eine so selbstverständliche Geste natürlich auszuführen.

Nun sitzen sich die Gesprächspartner gegenüber. Bleiben beide in ihrer Haltung geschlossen, dreht sich die Diskussion im Kreis. Es läßt sich schulmäßig trainieren, den eigenen Körper in Bewegung zu halten, ohne zappelig zu wirken. Durch Bewegung stimuliert man sich selbst – und auch den anderen.

Wenn wir in Bewegung bleiben, bieten wir dem anderen nicht knallhart die Stirn, beweisen statt dessen Flexibilität. Solche Biegsamkeit oder Weichheit ist auch im Sinn beruflichen Erfolgs kein Handikap. Die Natur beweist es uns. Die Pflanze, die sich im Sturm biegt, übersteht die Gefahr; das starre Holz bricht. Die Elastizität des Geistes kommt aus der Rotation des Körpers und vice versa.

Merkwürdigerweise wird die Bewegung als Mittel der Kommunikation wenig genutzt. Wie selten laden wir einen Gesprächspartner zu einem Spaziergang ein, wo mancher mit seinen eigenen Gedanken sehr gern spazierengeht und aus Erfahrung weiß, wie die Bewegung den Geist beflügelt.

Positionen lassen sich beim Gehen spielerisch verändern, Wendungen ergeben sich allein durch den Weg, Perspektiven durch Landschaftsperspektiven.

Der Spaziergang als Gesprächsort eignet sich vor allem für den Dialog. Jedenfalls ist die Teilnehmerzahl begrenzt. Mehrere Partner müssen schon um einen Tisch versammelt werden. Häufig genug jedoch sitzen sich nur zwei gegenüber, und die Spielmöglichkeiten sind eingeschränkt.

In der typischen Verhandlungssituation wird das immer wieder deutlich. Auch wenn der Tisch als festes Requisit in einer fließenden Handlung (Dialog) als Stützpunkt Sicherheit geben kann (siehe dazu die Ausführungen in meinem ersten Buch über Körpersprache), schränkt er die offene Bewegung doch sehr ein. Hinzu kommt, daß die Gesprächspartner einander oft direkt gegenübersitzen, womit eine geradezu archaische Konfrontationshaltung eingenommen ist. Das Gespräch »über Eck« erlaubt mehr Bewegung und erleichtert den Schulterschluß. Wer Besucher,

Partner, Mitarbeiter vor seinen Schreibtisch lädt, hat nicht den Vorsatz, sich beweglich zu zeigen, von ihm sind wenige Zugeständnisse zu erwarten. Deshalb steigern sogenannte Sitzecken in Büros nicht nur den Umsatz von Büromöbelherstellern, sondern auch die Beweglichkeit und Bewegungsfreiheit im Gespräch. Dennoch suchen sich Teilnehmer an meinen Seminaren, aufgefordert, eine Gesprächssituation darzustellen, meist die frontale Sitzanordnung aus. Fast jeder hat das Gefühl, am besten zu fahren, wenn er dem Partner direkt ins Auge blickt, glaubt, in dieser Stellung die größte Suggestion und Überzeugungskraft entwickeln zu können. Wollen wir ganzheitliche Kommunikation auch in die täglich ausgeübten Verhandlungsmethoden einführen, müssen wir uns auch vom Konfrontationsritus trennen, weil er die Bewegung verhindert. Suggestiv zu wirken, findet unter dem Gesichtspunkt des Verhandlungserfolgs seine Grenze dort, wo sich der andere in seinem Territorialdenken (Wissensgebiet, Position, Spielraum der Kompetenz) bedroht fühlt. Jemand, den wir in die Enge treiben und der sich deshalb nicht mehr bewegen kann, wird nicht zum Partner. Es bleibt dabei: Will ich einen Kontrahenten zu etwas bewegen, muß ich ihm Raum lassen, sich zu bewegen, ihn gegebenenfalls zu einer Bewegung, einer Positionsveränderung veranlassen.

Ein Fallbeispiel aus einer Spielsituation in der Verkäufer-Kunde-Konstellation soll den Vorgang noch einmal skizzieren: Die Vorgabe war, Bedingungen eines bereits erteilten Auftrags zu verändern. Der Kunde verlangte, die Lieferfrist um einen größeren Zeitraum zu verkürzen, überraschend eingetretene Umstände zwangen ihn, den Artikel früher als vorgesehen auf den Markt zu bringen.

In mehreren Durchgängen übte die Spielsituation institutionalisiertes Verhalten, nämlich Abwehr auf seiten des Verkäufers. So wie es ihm sein Gefühl sagte, reagierte er: Es geht nicht. Der Körper war gespannt, die Hände wiesen das Ansinnen deutlich zurück. Es dauerte eine Weile, während der Kunde sich schon enttäuscht zurücklehnte, bis die rationelle Einsicht sich beim Lieferanten durchgesetzt hatte, daß die Stagnation, die durch die Rückwärtsbewegung des Kunden im Gespräch eingetreten war, aufgelöst werden mußte, und er holte den Kunden durch Bewegungswechsel zurück, konnte selbst einen vernünftigen Vorschlag machen, nämlich den, die bestellte Menge zu splitten, einen Teil früher, einen Teil später zu liefern. Der Logik folgend wäre damit eine Lösungsmöglichkeit für das Problem wie für den Gesprächsverlauf gegeben, die Realität jedoch sieht immer anders aus. Zur Realität gehört das Gefühl, und der Verkäufer hatte, indem er in der ersten Phase des Gesprächs den Kunden mit seinem Wunsch abwehrte, das Gefühl seines Partners verletzt. Das rächte sich nun. Der abgewiesene Kunde war keineswegs bereit, seine Haltung aufzugeben, wieder vorzurücken. Viel mehr als die Frage, wie umfangreich die Vorauslieferung denn sein könnte, kam nicht über seine Lippen, und jeder erfahrene Beobachter konnte voraussagen, daß der Kunde jede genannte Zahl als zu gering zurückweisen würde. Er zahlte mit gleicher Münze: Zurückweisung gegen Zurückweisung.

In einem zweiten Durchgang desselben Modellfalls sagte der als Kunde agierende Seminarteilnehmer sogar: Das ist ein Argument. Zugleich wehrte er aber mit beiden Händen das Angebot ab. Das Ergebnis war das gleiche wie zuvor.

Der Sprecher (rechts) legt seine Spur, die erhobenen Daumen weisen auf sein dominantes Verhalten. Sein Partner (links) hört zu, übt jedoch Zurückhaltung.

Der Sprecher ändert seine Spur nicht, intensiviert sie durch Vorrücken. Der Partner hebt die Hand als Sperre.

Da er nicht erreicht hat, was er will, versucht der Sprecher, den Durchbruch zu erzwingen. Er geht weit über die Mitte der Verhandlungsebene hinaus. Der Partner zieht sich ausweichend noch weiter zurück. Die Schulterpartien signalisieren Abwehr.

Das Spiel setzt sich aggressiv fort, und es wird ergebnislos bleiben, solange der Sprecher nicht bereit ist, die Spur zu wechseln.

167

Mein Partner hat sich ganz verschlossen. Seine verschränkten Arme wehren Argumente und selbst den zur Lockerung und zum Bewegungswechsel angebotenen Kaffee ab. Auch meine Lippen sind verspannt.

Ich reiche die Tasse über die Tischhälfte hinaus. Er kann sich kaum weigern, sie anzunehmen. Ein Lächeln auf beiden Seiten sagt: Er nimmt etwas von mir an. Wir stehen positiv zueinander.

Die Situation war erstarrt. Die Bewegungen wurden monoton, ein Blick auf die Hände zeigte, daß der Verkäufer in eine Spur geraten war, einen Korridor bezeichnete, den er zu durchmessen bereit war. Seine Argumente wiederholten sich.

Eine Spielsituation macht einen neuen Beginn möglich, offene Bewegung und eine prinzipiell teilnehmende Haltung kann bewußt demonstriert werden. Aber gerade die Spielsituation beweist auch, wie unglaublich schwer es ist, institutionalisiertes Verhalten zu ändern. Es zeigt sich, wie ungewohnt vielen Berufstätigen bis hinauf in die Chefetagen offene Haltung (ich meine das zunächst rein körperlich) und freie Bewegungen sind.

In der beschriebenen Alltagssituation kann der Ratschlag für die erste Phase des Gesprächs auf seiten des Verkäufers nur heißen: Zuhören, mit offener Körperhaltung und offener Handstellung teilnehmen, die Not und damit das Gefühl des Kunden ernst nehmen. In neunzig von hundert Fällen wird man bei der so vorbereiteten positiven Gesprächsgrundlage (man befindet sich im Einklang mit dem Kunden) darauf warten können, daß der Kunde das Zeichen zur Aktivität gibt und um Vorschläge bittet.

Öffnet sich das Gespräch partout nicht, hilft manchmal eine fast technisch zu nennende Wendung. Wir drücken dem Partner etwas in die Hand: Prospekte, Pläne oder etwas Gedrucktes, nur um ihn in eine andere Stellung, in eine offene Position zu bekommen. Die Hände müssen sich öffnen, um die Objekte zu greifen. Das bringt den Körper in positive Bereitschaft. Annehmen stimuliert zur Aktion. Jedenfalls ist die erstarrte Situation damit aufgelöst.

Was die körperliche Öffnung, gefolgt von der mentalen, fast ausschließt, ist die Verwandlung eines Gesprächs, in dem es in irgendeiner Form um Problemlösungen geht, in ein Kampfspiel. Und wir haben noch Glück, wenn überhaupt etwas Spielerisches dabei übrigbleibt. Wir haben es in der Hand, und als Pars pro toto steht Hand hier für den ganzen Körper. Öffnen wir sie? Oder schließen wir sie? Oder ballen wir sie zur Faust? Beschreiben wir mit beiden Händen eine Spur, die wir nicht verlassen wollen oder können, und heben auch noch die Daumen in die Höhe, als spannten wir den Hahn und wollten gleich abdrücken?

Kommunikation heißt, Wege zur Öffnung finden. Rational sagt uns unsere Erfahrung, daß es nie nur eine Möglichkeit gibt. Aber wie oft sitzen wir einem anderen gegenüber und sehen nur den einen Weg, den, der in die Konfrontation führt.

Warum sind die sogenannten Flurgespräche so beliebt? Sie haben etwas Inoffizielles, Unverbindliches, und mancher läßt sich auf dem Flur, in lockerer Haltung stehend, eher ein offenes Wort oder sogar ein Zugeständnis entlocken als in der normierten Sitzposition.

Wir kennen die gute alte Regel für Vorgesetzte, ihre Mitarbeiter nicht ausschließlich zu sich zu bitten (zu bestellen), sondern sie an ihrem Arbeitsplatz (Territorium) aufzusuchen. Die Amerikaner haben dies Verhalten wiederentdeckt und ihm auch gleich einen schönen Namen gegeben: *managing by walking*. Das ist gut gesagt, denn die Bewegung ist der Motor des Verfahrens. Die Wechselwirkung ist deutlich: Der Vorgesetzte stimmt seine Mitarbeiter durch Anerkennung ihres

Es geht um Anschauungsmaterial: Mein Partner blättert mir vor und erweckt sichtbar nicht mein Interesse. Der weit vorgestreckte rechte (Ratio-)Fuß verrät meinen territorialen Anspruch.

Er beschäftigt sich mit seinem Material, mich aber nicht.

Meine Hände sind offen, aber ich durchbreche seine Barriere nicht. Das Anschauungsmaterial liegt nutzlos auf dem Tisch.

Erst als ich ihm das Material in die Hand spiele, öffnet er sich.
Wichtig: Er muß selber zugreifen.

Problemlösung durch Bewegung. Im Gehen fällt es leicht, den Standpunkt zu wechseln.

Territoriumanspruchs aufgeschlossen für seine Intentionen und löst sich selbst aus einer möglicherweise von hierarchischer Stagnation bedrohten Situation.

Ob im Gehen, Stehen oder Sitzen, Bewegung ist der Schlüssel für Kommunikation. Wir setzen unsere Bewegungen gefühlsmäßig ein, und Selbstbeobachtung ist schwer. Die Videotechnik leistet hier unschätzbare Dienste. Sie macht es möglich, uns selbst in Bewegung zu sehen und Bewegungsabläufe zu wiederholen. Für die Erforschung von Körpersprache ist sie eine große Hilfe.

In erster Linie jedoch sind unsere Studienobjekte die anderen. Ich habe in meinem Buch *Magie der Stille*, in dem ich von meinem Leben als Pantomime berichte, davon erzählt, wie ich als junger Schauspieler stundenlang an belebten Plätzen in Tel Aviv gesessen habe, um Menschen zu beobachten, und daß es mir mehr und mehr gelang, aus ihren Bewegungen auf die Situation zu schließen, aus der sie kamen und in die sie sich begaben. Darum geht es auch in der Begegnung mit anderen in Beruf und Alltag. In den Signalen, die ihr Körper aussendet, können wir etwas darüber erfahren, woher sie kommen (Standpunkt) und wohin sie gehen (Ziel). Wir erkennen es, wenn wir uns angewöhnt haben, genau zu beobachten, wenn wir nicht in unserem Konzept befangen sind, also gelernt haben, für Momente von uns wegzusehen.

Wer das System einer Begegnung verändern möchte, weil er merkt, daß es seinen Intentionen entgegenläuft, muß in der Lage sein, das eigene Konzept zu modifizieren oder sogar radikal umzukrempeln, und er muß bemerken, wann der Partner zum Rhythmuswechsel bereit ist. Will man das Spiel spielen, sollte man auch auf die Veränderung der Veränderung eingerichtet sein.

»Wir spielen immer,
wer es weiß, ist klug«

(Arthur Schnitzler, *Paracelsus*)

Der Begriff der Rolle, wie er in Psychologie und Verhaltensforschung verwendet wird, ist der Welt des Theaters entlehnt. Ein Schauspieler spielt eine Rolle, stellt jemanden dar, der er nicht selbst ist. Man sieht sofort, wie schillernd der Begriff ist, wie schwer zu definieren. Das fängt schon bei der Tätigkeit des Schauspielers an. Was tut er eigentlich, wenn er eine Rolle spielt? Ich will hier nicht auf die verschiedenen Auffassungen von Schauspielkunst eingehen, die sich im Laufe der Zeiten geändert haben und in ständigem Wandel begriffen sind. Auf eine Formel könnte man sich aber vielleicht einigen, wenn es auch nur eine mit negativen Vorzeichen ist. Sie heißt: Der Schauspieler lügt nicht, wenn er eine Rolle spielt. Um sich mit der gespielten Rolle zu identifizieren, muß er sie in sich selber finden. Dann kann mit der Identifikation auch eine Erweiterung des eigenen Ichs stattfinden.

Die Frage, die mir im Zusammenhang mit Körpersprache oft gestellt wird, zielt darauf ab, ob wir uns selbst verleugnen, wenn wir unser habituelles Verhalten ändern, also eine andere Haltung als die gewohnte einnehmen. Ich frage zurück: Ist die gewohnte Haltung unsere »wahre« Haltung?

Das Wort Rolle wird in so vielen Bedeutungen verwendet – man denke unter anderem an Ausdrücke wie »eine Rolle spielen«, »aus der Rolle fallen«, die von ganz unterschiedlichen Aspekten des Wortes ausgehen, so daß es notwendig erscheint, das Wort für einen bestimmten Zusammenhang enger zu fassen, als der allgemeine Gebrauch es tut.

Ludwig Klages (1872–1956), ein früher Vertreter des Gedankens einer Leib-Seele-Einheit, schrieb in seinem Werk *Grundlegung der Wissenschaft vom Ausdruck*: »Was eine Wissenschaft von der Seele so schwierig macht, ist nicht die Seele, sondern die Seelenmaskerade, die der Wille zur Macht zwischen sich und den Beobachter geschoben hat. Darum, wer alle Larven lüftend auch nur *bis* zur Seele gekommen wäre, hätte vom Forscherweg der Charakterkunde weitaus die größte Strecke hinter sich gebracht.«

In diesem Sinn der Seelenmaskierung können Rollen, die einer spielt, sich verselbständigen und einen realen Zustand erreichen, wenn der Betreffende in seiner Beziehung zu sich selbst und seiner Umwelt gestört ist. Er wirkt unnatürlich. Wir sagen auch: Er spielt eine Rolle, die nicht zu ihm paßt. Damit wird unmittelbar ausgedrückt, daß es auf der anderen Seite auch Rollen gibt, die sehr wohl zu uns passen, die uns sogar, wie eine andere Redewendung sagt, auf den Leib geschrieben sind.

Rollen

Wie stellen Sie sich einen General vor?

»Kameraden!« (Bild links)
»Kavallerie nach links!« (Bild rechts)

»Kameraden!« (Bild links)
»Kavallerie nach rechts!« (Bild rechts)

»Meine Strategie ist klar!«
(Bild links)
»Marsch!« (Bild rechts)

»Meine Strategie ist klar!«
(Bild links)
»Marsch, marsch!« (Bild rechts)

Wer ist der bessere
General?

Wir müssen in diesem Zusammenhang den Dialog zwischen Individuum und Gruppe vor Augen haben. Jeder Organismus (System) gibt an seine Glieder Rollen aus und verbindet sie mit entsprechenden Erwartungen. So nimmt jede unserer Zellen, obwohl sie den gemeinsamen Code besitzt, ihre spezifische Rolle an. Es entstünde das Chaos, wenn die Hände auf einmal hören und die Ohren handeln wollten. Die Gruppe teilt uns Rollen nach ihren Bedürfnissen zu und erwartet von uns, daß wir die mit der Rolle verbundene Leistung erbringen. Je nach den gesellschaftlichen Bedürfnissen ändern sich die Prioritäten und damit der Status unserer Rollen. Generäle werden an bestimmten Orten und zu bestimmten Zeiten von der Gesellschaft als höchst wichtig angesehen, ihre Uniform ist also überall willkommen. Zu anderen Zeiten und an anderen Orten sieht man den General lieber in Zivil. Bedürfnis und damit Status haben sich gewandelt. Mit jeder Rolle sind entsprechende Verhaltenssignale verbunden. Von einem Rollenträger erwarten wir typische Verhaltensweisen.

Es genügt, sich einen General mit betont femininer Bewegung vorzustellen. Was hat das faktisch, sachlich zu bedeuten? Gar nichts. Er muß fähig sein, strategisch zu denken. Muß er dazu seine Muskeln spielen lassen? Der zackige Ausdruck nützt niemandem etwas. Wie viele Soldaten sind in den Tod marschiert, weil ihre Generäle im Kopf nicht wendig genug waren.

Die alten Rollenmuster aber bleiben erhalten. Wir erwarten von einem Bankier gediegene Zurückhaltung – das nur als Beispiel. Kaum übernimmt einer einen neuen Job, schon fängt er an zu spielen, und zwar die Rolle, die man von ihm erwartet. Der Arzt spielt häufig die Rolle, von der er glaubt, daß seine Patienten sie von ihm erwarten, oder jene, von der er glaubt, daß sie ihn den Patienten näherbringt.

Die Geschäftsfrau zeigt durch Frisur, Kostüm und Verhalten nicht anders als ihr männlicher Kollege, daß sie sich rollengemäß verhält. Auch die perfekte Mutter ist eine Rolle, die fragwürdig wird, wenn eine Musterrolle daraus wird – eine Frau, die nie Fehler macht. Kinder haben damit Probleme, denn im Gegensatz zur perfekten Mutter machen sie Fehler, weinen, machen Unordnung und einen Fleck aufs Tischtuch. Es muß also etwas nicht in Ordnung sein mit ihnen.

Wie selbstverständlich übernehmen wir Rollen im Alltag: die des Entscheidungsfreudigen, des Vaters, des Liebhabers und so fort, um der Erwartung des Partners zu entsprechen. Tun wir es nicht, haben wir es selbst und unsere Mitmenschen mit uns nicht einfach. Rolle und Rollenspiel als Selbstbewertung und ihre Folgen entspringen häufig einer zwanghaft übernommenen Denk-, Empfindungs- und Ausdrucksweise, dann nämlich, wenn wir den inneren Zugang zu uns nicht finden. In der Tat ist ein großer Teil unseres Rollenverhaltens überhaupt nicht freiwillig. Ich erinnere an das, was ich eingangs über die Erziehung sagte (gutes Kind, schlechtes Kind), in der jedem massiv Rollenverhalten eingetrichtert wird. Ich erinnere ferner daran, was ich darüber sagte, wie einer lernen kann, die Rolle des Verantwortlichen zu übernehmen.

Alles, was über Anpassung an die Erwartung der Gruppe gesagt werden kann, gilt auch für das Einüben von Rollen. Der ganze Vorgang, in dem die Verhaltensmuster eines Menschen entwickelt werden, vollzieht sich so gut wie völlig unbewußt.

Wir lernen zum Beispiel Umgangsformen, die uns später in Fleisch und Blut übergehen, durch explizite und rational empfangene Anweisungen (Halte dich gerade! – Sei zurückhaltend! – Drängle dich nicht vor! – Man zeigt nicht mit dem Finger auf angezogene Leute! – Das ist schön, brave Mädchen sitzen immer mit geschlossenen Beinen! – Kinder sprechen nur, wenn sie gefragt werden!). Um in Verhalten umgesetzt zu werden, bedürfen solche Hinweise alle der Umsetzung ins Unbewußte, eben »in Fleisch und Blut«.

Mit der traditionellen wie der neueren Psychologie bin ich der Meinung, daß man sich diese Vorgänge bewußt machen muß, zwar nicht, um auf einen echten individuellen Kern der Persönlichkeit zu stoßen, wie eine verbreitete populäre Meinung lautet, sondern um mir selbst – und das gilt natürlich auch für jeden anderen – über die *Realität* meiner Rollen klarzuwerden.

Das Zitat aus Arthur Schnitzlers Theaterstück *Paracelsus*: »Wir spielen immer, wer es weiß, ist klug« – dort in einem resignativen Sinn verwendet, nachdem es vorher heißt: »Es fließen ineinander Traum und Wachen, Wahrheit und Lüge. Sicherheit ist nirgends. Wir wissen nichts von anderen, nichts von uns«, dieses

Vom »Kern« der Persönlichkeit

Zitat also gilt mir als ein positives Motto. Denn nur wenn wir von uns wissen, daß wir eben nicht unbedingt so sein müssen, wie wir uns empfinden und wie wir glauben, daß es die Umwelt von uns verlangt, können wir etwas über uns erfahren. Nur wenn wir wissen, daß wir Rollen spielen, übernommene und selbstgewählte, können wir mit ihnen umgehen.

Der Mensch ist keineswegs eine monolithische Einheit, als die wir uns gern sehen. Der Weg zur Selbstfindung und zum Umgang mit sich selbst führt durch die Selbstverunsicherung. Luthers schöner Satz: »Hier stehe ich, ich kann nicht anders!« ist ein Überzeugungssatz und keine Tatsachenbeschreibung. Mit dem Tatsächlichen, dem Faktischen, ist es, wenn es um den Menschen geht, ohnehin nicht weit her. Der Psychologe Viktor E. Frankl berichtet als Beispiel von einem einfachen Vorgang wie dem Blutdruckmessen. Fand er bei einem Patienten den Blutdruck leicht erhöht und sagte es ihm, hatte er in diesem Augenblick gar nicht mehr die Wahrheit gesagt, denn schon sei durch die Wirkung seines Satzes der Blutdruck in die Höhe gegangen. Rede er dem Patienten aber ein, sein Blutdruck sei normal, sage er ihm keine Unwahrheit, denn diese beruhigende Mitteilung könne zur Normalisierung des Blutdrucks führen. In seinem Buch *Anthropologische Grundlagen der Psychotherapie* schreibt Frankl weiter:

»Immer wieder hören wir einen Kranken sagen: ›Ich bin nun einmal so‹ – und dabei meint er immer: . . . ergo könnte ich auch gar nicht anders. In Wirklichkeit gilt jedoch: Jederzeit kann ich auch anders – ergo bin ich überhaupt nicht ›irgendwie‹. Ich bin – oder besser gesagt: das Ich ist niemals faktisch, sondern fakultativ. Dasein erschöpft sich nicht in irgendeinem Sosein.«

Wenn Frankl den Satz »So bin ich nun einmal« von Kranken gehört hat, wie oft haben wir ihn von Gesunden gehört? Und, Hand aufs Herz, wie oft haben wir ihn selbst ausgesprochen? Es ist ein bequemer, ein resignativer Satz, ein Satz, der Verweigerung und Unbeweglichkeit ausdrückt. Und er spricht von einem eindimensionalen Denken. Dennoch haben wir es ernst zu nehmen, wenn einer sich vor der eigenen mehrdimensionalen Verfassung fürchtet.

Bei meiner Arbeit mit Körpersprache erlebe ich es immer wieder, daß Menschen Angst haben, ihre Bewegungen oder gar ihren habituellen Rhythmus zu verändern, sie fürchten, sich dabei zu verlieren. Sie haben das Gefühl, daß Rhythmusänderung etwas mit Persönlichkeitsveränderung zu tun hat – und sie haben recht. Ich habe geschildert, daß Rhythmus eine Sache von Gewohnheit ist, und ich erinnere an den alten Satz, daß der Mensch die Summe seiner Gewohnheiten ist. Verändern wir diese Gewohnheiten, stellt sich das Gefühl ein, nicht mehr wir selbst, sondern jemand anderer zu sein; aber wir sind gleichzeitig auch die Summe unserer Rollen.

Auf neue Weise sich selbst erleben

Meine These, mit der ich das Selbstverständnis des Rollenspiels über das Zwanghafte und Illusionäre hinausführen und erweitern will, ist, daß uns eine Veränderung des gewohnten Rhythmus und des gewohnten Gefühls von uns selbst nicht zu jemand anderem macht und auch nicht dazu führt, daß wir uns verlieren, sondern daß wir uns nur auf eine andere, uns ebenfalls innewohnende Weise erleben. Wir machen spürbar die Erfahrung, daß wir auch andere Eigenschaften haben als die, die unsere Gewohnheit bevorzugt. Wir haben sie nur noch nie ausprobiert, zuvor nie erlebt. Weil wir sie aber nicht erlebt haben, begeben wir uns auf unsicheres Terrain. Wir tasten uns vor, und meist ziehen wir uns rasch auf den gewohnten Standpunkt zurück.

Die Frage, die sich uns stellt, lautet also: Bin ich bereit, mich anders als gewohnt zu erleben? Wer es wagt, wird feststellen, da er es kann, auch wenn das Ergebnis anders ist, als er es selbst erwartet hätte. Die Chance, sich in seinen Möglichkeiten zu erleben, hat jeder, der für sich akzeptiert, daß, wie Viktor E. Frankl es ausdrückte, Dasein sich nicht in irgendeinem Sosein erschöpft.

Erleben wir es nicht immer wieder, daß einer »auch anders sein« kann? Kennen wir nicht alle Menschen, die sich in der einen oder anderen Umgebung, dem einen oder anderen Milieu als »ein ganz anderer« entpuppen? Da erleben wir einen im Beruf gehetzt und aggressiv und begegnen ihm in seinem Ferienhaus als einem lockeren und gelassenen Zeitgenossen. Und wir kennen natürlich auch den herrischen, von Dominanzverhalten geprägten Chef, der zu Hause nicht den Mund aufzumachen wagt. In unserem Zusammenhang der bewußten Nutzung unserer

Möglichkeiten ist von solchen kompensatorischen Verhaltensweisen nicht die Rede, aber wie steht es mit der These vom eigenen unverwechselbaren Ich angesichts dieser Phänomene?

Der Unterschied zur bewußten, gewollten Veränderung bleibt enorm. Sind wir zu dem Schluß gekommen, daß unser Dasein wirklich mehr Möglichkeiten des Soseins für uns bereithält, daß wir also in der Lage sind, uns zu verändern, bleibt immer noch die Frage, ob wir das überhaupt wollen. Unsere gewohnte Haltung, unser habituelles Erscheinungsbild in der Welt ist uns vielleicht gerade recht.

Wer meinen Gedankengängen bis hierher gefolgt ist, weiß ja auch, daß ich nicht dazu neige, Eigenschaften zu bewerten. Im Prinzip ist die defensive Haltung nicht schlechter und nicht besser als die auch von mir für die Kommunikation empfohlene offene Körperhaltung, um nur ein Beispiel zu nennen. Es gibt also keinen absoluten Grund, sich zu ändern, seine ungenutzten Möglichkeiten auszuprobieren oder gar ausschöpfen zu müssen. Manchen aber treibt einfach die Neugier auf sich selbst dorthin.

Wie uns die anderen sehen

Bisher haben wir die Rechnung ohne die anderen gemacht. Es war die Rede von der illusionären Selbstsicht, von der Angst vor dem Verlust des Gefühls von sich selbst, von der eigenen lieben Gewohnheit, sich selbst zu sehen. Mit einer Änderung unserer Gewohnheiten stören wir jedoch nicht nur das Bild, das wir selbst von uns haben, sondern auch das Bild, das andere sich von uns gemacht oder bekommen haben. Dieses Bild führt wieder zu habituellen Reaktionen der anderen auf uns.

Dem Wunsch, sich zu verändern, andere Möglichkeiten seiner selbst auszuprobieren, widerspricht die Angst vor der Reaktion der anderen. Wie werden die anderen auf seine Veränderung reagieren? Es läßt sich nämlich voraussehen, daß sie nicht begeistert sein werden. Sie haben gelernt, den einzelnen einzuordnen, und es ist bequem, ihn in einer bestimmten Schublade unseres Denkens abgelegt zu haben. Wir wissen, wie er reagiert, und haben uns darauf eingestellt. Die anderen meinen immer, unsere Möglichkeiten abschätzen zu können. Ob es schwer oder leicht ist, mit uns umzugehen, jedenfalls sind wir berechenbar. In der Politik grassiert dieses Wort, und wo es grassiert, ist man neuen Gedanken abhold. Ein Gegner soll ein Gegner bleiben und ein Verbündeter ein Verbündeter. Wo kämen wir denn hin, wenn wir uns nicht einmal mehr auf die Zuverlässigkeit der Gegnerschaft eines Gegners verlassen könnten? Hier findet eine unzulässige Gleichsetzung von Zuverlässigkeit und Berechenbarkeit statt. Ich verlasse mich auf einen Menschen zum Beispiel in dem Sinn, daß er mir in der Not hilft. Warum soll er es nicht auf andere Weise tun, als ich vorausberechnet habe?

Verhaltensänderungen und Rollenspiele geraten zu Unrecht stets von neuem in die Beurteilung nach moralischen Grundsätzen, nach den Kriterien von gut und schlecht, haben jedoch im Sinn einer anderen Form von Sosein damit nichts zu tun. Zuverlässig zum Beispiel kann ein offener Mensch sein, ein zugeknöpfter, ein fröhlicher, ein deprimierter, einer, der Sicherheit sucht und einer, der das Risiko liebt. In der Tat jedoch stutzt die Außenwelt bei jeder Veränderung. Muß man eventuell eine andere Einstellung zu einem Menschen finden? Das ist unbequem,

ist anstrengend. Die Gruppe wehrt sich zudem instinktiv, weil die Veränderung des einzelnen das Gleichgewicht der Kräfte in der Gruppe stören könnte. Am liebsten stopft sie ihn, der die verborgenen Kräfte seiner selbst zu entdecken und zu offenbaren beginnt, zurück in seine Schublade.

Der einzelne jedoch besinnt sich vielleicht darauf, daß er nicht versprochen hat, immer der zu bleiben, als der er erscheint. Er muß sich darüber im klaren sein, daß die Gesellschaft, die Gruppe, die Außenwelt auf Veränderungen mit Mißtrauen, wenn nicht mit Ab- und Gegenwehr reagiert. Sie verteidigt den Status quo. Gleichzeitig verlangt die Gruppe vom einzelnen, in immer neue Rollen zu schlüpfen und sie je nach den Bedürfnissen der Gruppe auszufüllen.

Veränderungen, angefangen von der ungewohnten Körperhaltung, die so viel vermag, bis hin zur Rhythmusänderung, fallen uns schwer. Unsere Umwelt liebt es, uns so zu sehen, wie wir ihr immer erschienen sind. Ist es da nicht besser, alles beim alten zu lassen? Ich sagte es schon, Veränderungen sind per se keine Notwen-

Die falschen Fragen

digkeit. Wenn wir jedoch ein Ungenügen an unserem Selbstgefühl und an unserer Wirkung auf die Welt empfinden, liegt es nahe, brachliegende Möglichkeiten unserer Existenz zu aktivieren. Wir brauchen Zeit für diesen Vorgang und Geduld. Gelingt es aber, durch die Veränderung unserer Haltung und unserer Bewegungen eine Veränderung unseres Gefühls von uns selbst herbeizuführen, werden wir mit einer Fülle neuer Informationen über uns belohnt, mit denen wir umzugehen lernen müssen. Erst wenn wir uns daran gewöhnt haben, auf die neuen Informationen zu antworten, das heißt, wenn sie in unser Codierungssystem Einlaß gefunden haben, kommen wir uns selbst nahe. Wiederholung – und nur Wiederholung – schafft Vertrautheit mit sich selbst wie mit anderen.

Eine Szene zur Verdeutlichung: Eine Frau und ein Mann sitzen an verschiedenen Tischen eines Selbstbedienungscafés. Der Mann steht auf, geht am Tisch der Frau vorbei, schaut zu ihr hin, ohne etwas zu sagen, selbst ohne zu lächeln, und holt sich einen Kaffee. Auf dem Rückweg geschieht dasselbe. Wenn er sich nun wieder etwas holt, ein Stück Kuchen oder ein Döschen Kaffeesahne, stellt sich ohne sein Zutun (es sei denn, er vermeidet es absichtlich) ein Kontakt her. Beim drittenmal kann er die Frau fragen, ob sie ebenfalls Zucker haben möchte, ohne daß sie es als befremdlich empfände. Wie anders wäre die Reaktion ausgefallen, hätte er den Annäherungsversuch beim erstenmal unternommen. Genauso reagieren wir auf uns selbst als Fremde. Wiederholung schafft Kontakt, die Aufnahme von Informationen verlangt Gewöhnung.

Wir sehen die Welt aus Gewohnheit so, wie wir sie sehen, und es kann auch gar nicht anders sein. Wenn wir uns nicht verändern, unser Körper seine gewohnte Haltung bewahrt, senden wir auch immer die gleichen Fragen an unsere Umwelt aus. Auf dieselben Fragen erfolgen stets dieselben Antworten. Frage ich nach der Uhrzeit, will aber eigentlich wissen, wo ich ein Restaurant finde, kann ich keine richtige Antwort erwarten. Im verbalen Bereich weiß das jeder, im nonverbalen dringt derselbe Vorgang selten ins Bewußtsein.

Unsere Haltung ist aber unser Standpunkt, von dem aus wir Fragen an die Welt aussenden. Ändern wir unsere Haltung nie, werden wir zwar keine zutreffenden Antworten bekommen, dafür aber Bestätigungen unserer Weltanschauung, um nicht zu sagen, unserer Vorurteile. Denn die Welt ist so, wie wir sie von unserem eingenommenen Standpunkt aus sehen. Verändere ich meine Fragestellung, verändert sich die Welt.

Wir ärgern uns oft, daß andere so und nicht anders auf uns reagieren. Wollen wir aber eine andere Antwort, muß unser Körper eine andere Frage stellen.

Fliegender Wechsel

So gehemmt viele Menschen sind, das Potential des Andersseins in sich zu erkunden, so behend sind wir alle im gewohnheitsmäßigen Rollenwechsel. Da spielen wir unsere Rollen wieselflink, der Gefühlssituation oder der Opportunität angepaßt. Und auch dabei mischen sich selbstempfundene Ehrlichkeit und Verstellung. Wir ertappen uns dabei, daß wir es am Ende doch jedesmal selbst gewesen sind, der dem einen gegenüber dominant und dem anderen gegenüber devot, dem einen gegenüber liebevoll und dem anderen gegenüber zynisch gewesen ist. Und das sind alles wir selbst? In Sekundenschnelle wechseln wir unser Verhalten, sagten wir. Das geht ja so weit, daß wir simultan toben, einen anderen beschimpfen und einen dritten freundlich bitten, sich einen Augenblick noch zu gedulden. Ja, ist das ein und derselbe Mensch, der sich so verhält? In der Tat, es ist ein und derselbe.

Ein einfaches Beispiel dafür ist die Situation während eines Familienstreits, bei dem die Wellen (die Stimmen) hochgehen. Davon wird das Kind wach. Daraufhin streitet die Frau lauthals weiter mit ihrem Mann und versucht gleichzeitig mit sanfter Stimme ihr Kind zu beruhigen. Nicht anders ist es bei einer Auseinandersetzung im Betrieb, wenn plötzlich eine Respektsperson oder ein Kunde das Zimmer betritt. Unser tägliches Rollenspiel ist in der Mehrzahl der Fälle keineswegs aufgesetzt. Erstaunlich schnell identifizieren wir uns mit der momentanen Rolle. Wir eignen sie uns an und verlieren das Gefühl zu spielen. Wir sind es wieder einmal, ganz und echt!

Somebody – nobody

Bemerkenswert scheint mir in diesem Zusammenhang zu sein, daß unser Gefühl, das uns suggeriert: So bin ich!, etwas mit Gravitation zu tun hat. Das Ich unseres Körpergefühls ist die Schwerkraft der Erde. Wir fühlen das Gewicht unserer Hände und Füße und wissen, daß unsere Hände und Füße existieren.

In der Schwerelosigkeit, so berichten Weltraumfahrer, ist das Aufwachen ein Problem, weil man sich selbst nicht wahrnimmt. Mit der Schwerkraft fehlt das Körpergefühl. Die Engländer haben das Wort dafür: *nobody*. Ein Nobody wacht auf, und erst durch angestrengtes Wälzen des Körpers gelingt es, sich wieder wahrzunehmen und *somebody* zu sein.

Und so ist es überhaupt nicht lächerlich, daß viele Menschen an ihre Existenz glauben, weil sie ihre Muskeln spüren. Weit verbreitet ist die Angst davor, locker zu sein. Sie hat denselben Grund: Angst vor Schwerelosigkeit. Sich gehen zu lassen und seine Mitte zu bewahren, da die Mitte keine Grenzen hat, scheint so schwer zu sein. Deshalb bauen sich unsichere Menschen eine Festung aus Muskelanspannung und sind damit auch unbeweglich wie ein Denkmal. Weder Dynamit noch Argumente bewegen sie von der Stelle. Nur wenn wir erreichen, daß so einer auch nur eine Hand entspannt, wird er spüren, wie verkrampft die andere ist.

Der Körper leistet unserer Gewohnheitsliebe Vorschub, da er sich auf unsere Haltung, auch wenn sie verspannt und verkrampft ist, einstellt. Wir fallen aus einer natürlichen Stellung, die wir bewußt eingenommen haben, in die vorige Haltung zurück, weil Blut- und Milchsäuretransport noch nicht umgestellt sind. Deshalb empfinden wir eine neue Stellung als unserem Selbst nicht gemäß, obwohl sie nur ungewohnt ist.

Identifikation

Solange wir eine Rolle als aufgesetzt empfinden, spielen wir sie nicht gut. Erst wenn wir sie durch Aneignung von innen ausfüllen, uns mit ihr identifizieren, fällt alle Verstellung von uns ab. Wir haben den Eindruck gar nicht mehr, zu spielen. Wir sind wieder, als was wir erscheinen. Dieser Vorgang sollte uns nachdenklich stimmen. Was wir eben noch als aufgesetzt, als Verstellung empfanden, ist uns auf einmal selbstverständlicher Ausdruck unserer selbst. Wie steht es dann mit dem vorigen Selbst-Bewußtsein, war es ebenso echt oder noch eine Vorspiegelung?

Selbst wenn ich für meine Söhne einen Hund spiele, muß die Identifikation mit dem Wesen Hund so groß sein, daß sich die Grenzen des Spiels verwischen.

Ich meine, die glücklichsten Menschen sind die, die sich ihrer jeweiligen Rolle ganz hingeben können. Sie sind immer »echt«, immer eins mit sich selbst, so anders sie im nächsten Augenblick auch sein mögen. Engagement öffnet, Resignation verschließt. Wenn Engagement allerdings in Verbissenheit mündet, ändern sich die Voraussetzungen. Verbissenheit nämlich hat nur noch wenig mit Identifikation zu tun. Hier steht nicht mehr die Sache im Blickpunkt, sondern der Vorgang: es doch noch zu schaffen, sich durchzusetzen um fast jeden Preis. Wer erkannt hat, daß verschiedene Rollen, die er spielt, unterschiedliche Möglichkeiten desselben Ichs darstellen, wird sich mit der Mehrdimensionalität seiner Persönlichkeit befreunden können. Ihm wird damit auch kontroverser Ausdruck bei anderen verständlicher sein, und er wird die Vielfalt der Welt besser begreifen.

Vielleicht wirkt seine Aufgeschlossenheit reziprok, und die anderen akzeptieren ihn in seinem Anderssein.

Das widerspricht alles nicht dem Respekt vor den Menschen, die sich ein Leben lang auf eine oder zwei Rollen eingerichtet haben.

Signale des Rollenspiels

Kleidung ist selbstverständlich der für jedermann erkennbare Ausdruck einer Rolle. Auf der Bühne sagt das Kostüm zu allererst, mit wem wir es zu tun haben, was die Person darstellt: Bauer, Bürger oder Edelmann. Frühere Gesellschaftsordnungen schrieben den Ständen ihre Kleider vor, und unsere soziale Welt, die auf diesem Sektor keine Verordnungen kennt, hat doch klare Spielregeln, denen wir uns freiwillig-unfreiwillig unterwerfen. Ob gestreifter Anzug, Blazer oder Jeans, sie sind Signale von Gruppenzugehörigkeit und Rollenverhalten. Wir könnten uns sagen, und hätten sogar recht damit, daß ein korrekt gebundener Schlips Kreativität nicht einengen müsse. Sie wird aber schon dadurch eingeschränkt, weil die anderen einem typisch erscheinenden Schlipsträger Kreativität gar nicht zutrauen. Das hat etwas mit den falschen Fragen (Signalen) und den daraufhin folgenden falschen Antworten zu tun.

Ein anderer, der herumgeht wie ein wandelnder Modeprospekt in Phosphorfarben, signalisiert: Seht her, ich verstehe es, die Aufmerksamkeit auf mich zu lenken, also wird mir das auch für eure Produktion gelingen. Es steht nicht fest, wem es besser gelänge, jedoch hat der es leichter, der verständliche, weil von den anderen gewohnte, ihnen bekannte Signale setzt.

Mit unserer Kleidung geht es uns ähnlich wie mit unseren Bewegungen, wir identifizieren uns so stark mit unseren Anziehgewohnheiten, daß wir uns als eindimensional empfinden. In jeder anderen Kluft als der gewohnten fühlen wir uns verkleidet. Das Äußerste, das sich der Nadelgestreifte leistet, sind Jeans und Pullover am Wochenende. Dann fühlt er sich wie ein »anderer Mensch« und meistens wohl. Er könnte das Vergnügen häufiger haben. Andererseits gehört der weitverbreitete Widerwille, sich in der Kleidung verschiedenen Situationen anzupassen, zu den überflüssigen Relikten einerseits der früheren Kleiderordnungen, andererseits der Vorstellung von uns selbst als eindimensionaler Persönlichkeit.

Wir haben uns selbst wirklich akzeptiert, wenn wir unsere Signale frei schalten, wie es uns einer Situation, einem Milieu und vor allen Dingen unseren Zielen angemessen erscheint.

Manipulation

Die andere Seite des Spiels besteht darin, daß wir Begegnungen dafür zu nutzen versuchen, beim Partner Veränderungen zu erreichen. Hier ist rasch das Wort Manipulation zur Stelle, ein Wort, das bei uns negativ besetzt ist. Es gibt, wie aus dem zuvor Gesagten hervorgeht, wenige Menschen, die in eine Begegnung eintreten mit dem Vorsatz, daraus verändert hervorzugehen. Und doch wollen wir alle reifen, dazulernen. Ja, wie denn, wenn wir uns nicht ändern?

Unter Manipulation versteht man allgemein einen Eingriff, der Veränderung (Motivation) bewirkt, ohne daß der Betreffende es bemerkt. Der Manipulationsvorwurf geht landauf, landab gegen Zeitungen, gegen Fernsehen und Rundfunk

und ganz besonders gegen Werbung in jeder Form. Man fordert Objektivität, obwohl man wissen müßte, daß es sie nicht gibt. Man fordert Ausgewogenheit, obwohl man wissen müßte, daß mit ihr Unterschiede verwischt werden und daß gerade sie es sind, die wir wahrnehmen. Bei den öffentlichen Medien ist es zudem ganz leicht, sich der sogenannten Manipulation, die durch Einseitigkeit hervorgerufen werden soll, zu entziehen. Man braucht nur abwechselnd zwei Zeitungen unterschiedlicher Couleur zu lesen, und schon sind Welt und Weltgeschehen um ein paar Aspekte reicher. In Fernsehen und Rundfunk haben wir ähnliche Möglichkeiten des Vergleichs.

Die Unbeweglichkeit, zu der sehr viele Menschen neigen, läßt sie jedoch meist zu den Blättern greifen und die Sendungen anhören oder ansehen, in denen ihre vorgefaßte Meinung bestätigt wird. Sie manipulieren sich selbst. Werbung bedient sich der berühmten »heimlichen Verführer« und versucht auf ausgeklügelte Weise, die Gefühle der Menschen anzusprechen. Ich brauche das nicht auszuführen, die Literatur darüber füllt Bibliotheken. Ein Aspekt ist in dem hier angesprochenen Zusammenhang interessant. Die Diskussion entzündet sich immer wieder an den Mitteln (zum Beispiel Werbung mit Kindern), mit denen geworben, und an den Produkten (zum Beispiel Zigaretten), für die geworben wird. Der Vorgang selbst scheint längst institutionalisiert und sanktioniert. Es bleibt ein schaler Nachgeschmack, daß hilflosen Leuten Unbrauchbares aufoktroyiert werden kann. Zum indifferenten Vorgang kommt die schlechte Absicht hinzu.

Mit jeder Bewegung, die wir ausführen, lösen wir Reaktionen aus. Ich sehe jemandem in die Augen, meine Augen machen den Eindruck, zu fixieren (ich habe das Beispiel des Kurzsichtigen angeführt, der besser sehen will), der andere senkt daraufhin die Augen. Habe ich manipuliert? Mein Gesprächspartner sitzt mir in geschlossener Haltung gegenüber. Ich biete ihm eine Tasse Kaffee an, und er muß seine Haltung ändern, um den Kaffee trinken zu können. Habe ich manipuliert? Das Kind weint. Es hat sich gestoßen. Ich klappere mit dem Schlüsselbund, um es abzulenken. Habe ich manipuliert? Dreimal ja. Es gibt nur einen Unterschied zwischen den drei Vorgängen. Im ersten Fall geschah die Manipulation unbewußt, in den beiden anderen Fällen bewußt.

Manipulation kommt von *manus*, das heißt Hand. Unbewußt oder bewußt, jede Handlung ist Manipulation.

In einer gespannten Situation streicht ein Partner dem anderen übers Haar. Was geschieht? Der andere akzeptiert es, geht mit, oder er schüttelt die streichelnde Hand ab. Die Frage stellt sich: Können wir überhaupt gegen unseren Willen manipuliert werden?

Position einzunehmen als ein körperliches Signal heißt immer auch, dem anderen helfen, die Orientierung nicht zu verlieren.

Zeigen wir durch unsere Körperhaltung an, daß wir zu einer Meinung stehen, flößen wir Vertrauen ein. Haben wir Richtlinien zu erteilen, sind wir glaubwürdig, wenn auch unser Körper eine Richtlinie – eine klare Haltung – annimmt. Tun wir es bewußt, manipulieren wir, tun wir es unbewußt, manipulieren wir nicht? Eine Berühmtheit betritt einen Raum, in dem mehrere Menschen anwesend sind. Er tut gar nichts. Alle Aufmerksamkeit wendet sich ihm zu. Manipuliert? Wodurch? Durch vorgespeicherte Information.

Unser Einfluß auf die anderen läßt sich ebensowenig abschalten wie die eigene Wahrnehmung und die der anderen. Ich halte es für richtig, sich dessen bewußt zu sein. Denn entgegen landläufiger Meinung kommt es nicht darauf an, was wir meinen, sondern darauf, wie wir wirken.

Unsere Wirkung ist es, die Reaktionen hervorruft, nicht unsere gute oder böse Meinung. Wenn wir Rollenspiel als Ausdruck unserer selbst akzeptieren, werden wir unsere Wirkung besser steuern können – und damit die Reaktion der anderen. Und wir schaffen damit auch noch die Vorbedingungen für den Dialog. Als erste Bedingung für dieses Verständnis kann gelten, daß wir Eigenschaften als Eigenschaften sehen. Dann läßt sich am ehesten daran arbeiten, deren positive Komponenten zu entwickeln. Viele scheitern schon daran, daß sie nicht zu ihren Qualitäten stehen. Wir unterlaufen und rauben dem Partner die Möglichkeit, sie zu akzeptieren, weil sie aus falscher Bescheidenheit, mangelndem Selbstvertrauen oder fehlender Courage ein schlechteres Bild von uns präsentieren als nötig, möglich oder angemessen wäre.

Wir manipulieren immer

Ein Mann sagt zu einer Frau: Du hast wunderschöne Augen.
Die Frau: Ach was, die sind klein und ganz gewöhnlich.
Der Mann: Aber dein Mund ist herrlich.
Die Frau: Ich habe viel zu dicke Lippen.
Der Mann: Ich bewundere deine Figur.
Die Frau: Ganz uninteressant, außerdem habe ich zugenommen.
Da sagt schließlich der Mann: Weißt du was, du hast mich überzeugt. Auf Wiedersehen.

Wir sind aufgefordert, das Spiel zu spielen. Wir können uns verweigern, dazu hat jeder das Recht. Nur wissen sollten wir, daß wir unsere Rollen im Leben spielen und daß es legitim ist, zu spielen und unser potentielles Ich zu erweitern.

Bedenken wir außerdem, daß unsere Bewegungen es sind, in denen unsere Rolle sichtbar wird, daß unser Rhythmus den Inhalt unserer Aussage beeinflußt, dann kommen wir ganzheitlicher Kommunikation um ein gutes Stück näher.

> »Die ganze Welt ist Bühne,
> Und alle Frau'n und Männer bloße Spieler.
> Sie treten auf und gehen wieder ab,
> Sein Leben lang spielt einer manche Rollen,
> Durch sieben Akte hin.«

Jacques in Shakespeares *Wie es euch gefällt*

Register

Kursive Seitenzahlen beziehen sich auf Abbildungen

Abhängigkeit 143
Abstraktion und Materie 13 f.
Abwehr 26, 82
Adrenalinstoß 65
Aggression, Aggressivität 17, 17 f., 58, 60,
   63, 67, 68 ff., 88
Anpassung 111, 114, *114*, 143
Arbeitsmoral 37 f., 38
Ärger 57, 59, 62, 65
Aristoteles 47
Arme 32 ff., *76*, *79*, *89*, *107*, *129*
   Bewegung der – beim Gehen *126*, *128*
   gekreuzte – 88, *90*, *107*, *168*
   offene – *158*
Atem, Atmen 96 ff., *97*
   Kurzatmigkeit 97
Aufnahmebereitschaft 26
Aufrechtgehen 15
Auftritte 151, *160*
Augen-Blicke *119*, *121*
Augenbrauen, hochgezogene 17, *17*

Balzverhalten 150
Bedingtheit der körperlichen Reaktion 84 f.
Begriff(e) *11*, 12 f., 20
Begrüßung 164
Benennung 10
Beweglichkeit 160, *165*
Bewegung 13 ff., *16*, *18*, 40, 88, 164 f., *169*,
   173
   Denken und – 27
   Ganzheit der – 81 f.
   offene – *160*
Beziehungsfeld und Vorstellungsrahmen 44 f.
Beziehungszusammenhang 85, 88
Bodengefühl 51, 153 ff., *155*, 157, *157*, *160*
Busch, Wilhelm 81

Capra, Fritjof 54
Code, Codieren 73, 75
   – des Nervensystems 9
   motorischer – 9

Davies jr., Samy 101
Denken
   bewußtes (gerichtetes) – 14
   lineares – 48, 52 f.
   unbewußtes (ungerichtetes) – 14 f.

Denken und Bewegung 27
Denken und Empfinden 24, 27
Dialekt 98, 100 f.
Dialog 110, 114, *115*, *118*, 157, 164
   dialogisches Prinzip 93
Dominanz 146
   -bewegung 145
   -verhalten 88, 146
Drohgebärde, -signal 63, *76*, *79*, 84, 85
Druck und Gegendruck 111, 114, *114*

Einbezogensein des Beobachters 80
Einstein, Albert 48
Ei-und-Henne-System 27, 143
Emotionen s. Gefühle
Entspannung 26
Erfolg 148
Erziehung 29, 38
Eskimos 10
Evolution 9

Feedback 66, 67, 140
Frankl, Viktor E. 73, 180 f.
Fremdsprache s. Sprache
Frustration 88
Fußstellung 82, *105*, *107*, *169*

Galilei, Galileo 47
Gang, Gehen 123, *127*, *128*, *129*, *131*, 141,
   160, 164
   auf jemand zulaufen 123, *124*
   Schritte *126*, *128*, *133 f.*
   schwankender – 20
   sicherer – *155*
   Spazier- 164, *172*
Ganganalysen 132–139
Ganzheitsverständnis 52
Gebärde 80
Gefühl(e) 48 f., 54–62, 94 ff.
   Akzeptanz von -n 56 f., 61
   Furcht vor -n 61
   -sinformationen 48 f., 72
   Veränderung von -n 184
Gehirnhemisphären, Funktion der beiden
   50 ff.
Gespräch s. Dialog
Gewohnheiten 141, 160, 181 f., 185 f.
   Anzieh- 187

Gruppe und Individuum 29–35, 37 ff., 45,
   111, 183
   Erwartungen 30 f., 33, 35
   Interessen 33, 38
   Ziele 38
   Zugehörigkeit 187
Gut oder böse 35 f., 39

Haltung 124, 148
   geschlossene – 21
   -sänderung, körperliche 91
   Zurück- *115*, *120*
Hand, Hände 18, *18*, 32, 35, 53, *58*, *68*, *70*,
   89, *107*, 111, 114, *118*, *119*, *130*, *133*,
   146, *156*, 169, *171*
   Gefühls- 49, 54, 68
   -schütteln *77*
   Verstandes- 49, 54
Handrücken, nach vorn gedrehte – *126*, *128*,
   130, *131*, *134*
Hartmann, Nicolai 73
Heisenberg, Werner 72, 80
Holographie (Laserbild) 50
Hopi-Indianer 10
Huizinga, Johan 65

Individuum und Gruppe s. Gruppe und
   Individuum
Information(en) 71 f., 91
   codierte – 75
   Gefühls- 48 f., 72
   objektive – 71
   -saustausch 93
   -shemmung 24 f.
   »ziffrierte« – 47
Informationsauffassung, ganzheitliche
   54

King, Martin Luther 100
Klages, Ludwig 175
Kleidung 187
Kommunikation 9, 49, 93, 169, 173,
   190
Kompensation 149
Kompetenz, -denken 62, 63, 64
Konzepte *107*, 110, *131*
Körperalphabet 19 f.

191

Lachen, Lächeln
  falsches – 81 f.
  – mit den Augen 82
Leib und Seele 72 f.
Liebesentzug 55, 65–70, 107, 114
Linkshänder 50
Lippen 68, 168
  -Aufeinanderpressen 20, 21
  -lecken 18, 26, 27, 126, 131
Luther, Martin 180

Manipulation 187 ff.
Materie s. Abstraktion und Materie
Melodik 94 f.
Meridiane 15
Metaphysik 54
Modulation 94 ff., 98 f.
Mund
  leicht geöffneter – 24
  offenstehender – 24
Muskelanspannung, -panzer 25 f., 26, 57, 186

Nacken
  beweglicher – 126, 132
  steifer – 131
Nervensystem 9
  Code des -s 9

Objektivierung 47
Ordnung, lineare 47 f.

Persönlichkeit
  »Kern« der – 179 f.
  -sveränderung 181 f.
Perspektivenwechsel 94
Physik 54
Platon 47, 73

Raster 45
  Ordnungs- 37, 39 f.
  – und Ziele 40
  Wahrnehmungs- 37
  -wechsel 41, 44
Reaktion 27
Rechtshänder 50, 54
Reiz 27
Rhythmus 104, 106, 110, 114 f., 118, 160,
  181
  -änderung 181, 183

Rhythmus und Persönlichkeit 103 ff.
  – und Rhythmuswechsel 101 ff.
  -wechsel 114 f., 115, 118, 173
Robin Hood 39
Rollen 143, 175–190
  -begriff 175
  -identifikation 186
  -muster 178
  -spiel 178, 180 ff., 186 f., 189 f.
  -verhalten 178, 187
  -wechsel 185

Schichtenzugehörigkeit 73
Schichttheorie, -lehre 73
Schnitzler, Arthur 175, 179
Schrift 75
Schritte s. Gang, Gehen
Schulterhaltung 140
Schwerkraft 185 f.
Schwingung 9
Seele s. Leib und Seele
Seinsschicht 73
Selbst
  -behauptung 114
  -findung 180
  -verunsicherung 180
Shakespeare, William 190
Signale
  einleitende – 150
  – des Rollenspiels 187
  Verhaltens- 178
Sinneswahrnehmung 9, 85
Sitz(en) 160, 162 f., 164 f., 169
  -gefühl 157
Sozialverhalten und Körpersprache 29
Spannung 26, 96
  -swechsel 72, 94 f., 98
Spielsituationen 148, 165, 169
Sprache 94, 98 f.
  – als Codierung von Information 75
  – als Träger des Gedankens 15
  – beschreibt Körpersprache 20, 22
  Dialekt 98, 100 f.
  Fremd- 101
  Kultur- 12
  verbale – 10 f., 13, 18
Sprachstruktur 11
Sprechtempo 96
Standfestigkeit 155, 157, 160

Standpunkt und Stellungnahme 23
Stehen 124 f., 160, 164
  Gerade- 124, 152
Stellungnahme 124 f.
Stimme 71 f., 94 ff., 99
Stimmung 70 ff., 94 f.
Streß 20, 22
Substantiv und Verb 10
Sucht 65
Sympathie 110
System(e) 143 ff., 147–151
  – der Begegnung 143, 160, 173
  Klein- 144

Territorialverhalten 62, 63, 64 f., 68 f.

Umcodierung (s. auch Code) 9, 13, 13 f.,
  17
Ungeduld 82
Unterkiefer, herabhängender 23, 24
Unterschiede 36 f.
Unterwerfung 146

Verantwortung 140
Vergleiche 36
Verhalten
  -sänderung 182 ff., 185
  -ssignale 178
  -sweise 178
Verkäufer-Käufer-Situation 104, 106 f.,
  165
Verweigerung 65

Wahrnehmung 75, 80 f.
  selektive und tendenziöse – 81
  -sskala 9
Watzlawik, Paul 50 f.
Weltbild, mechanistisches 53 f.
Wert(e) 39
  Ambivalenz der – 39 f.
  -maßstäbe 35, 38
Wiederholung 184 f.

Zähne, zusammengebissene 26, 126
Zeichensprache 75, 149
Zeigefinger, ausgestreckter 145 ff., 146
Zuneigung 105, 106, 120, 149
Zunge 18, 19, 127
Zurück-Haltung 115, 120